Yunnan

一周游云南

去趟云南也能玩得嗨

《亲历者》编辑部 编著

中国铁道出版社有限公司
CHINA RAILWAY PUBLISHING HOUSE CO., LTD.

丽江周边寻幽访古一周游

大理 —— 约 180 千米 —— 丽江 —— 约 175 千米 —— 香格里拉

交通			
路线	线路交通方式	特点	运行时间 / 票价
大理—丽江	火车	速度快，价格便宜 班次固定，出发时间不自由	约 2 小时，票价约 34 元 / 程
	汽车	时间自由，全天有车 价格贵，耗时长	约 4 小时，票价约 60 元 / 程
丽江—香格里拉	汽车	班次较多，价格比较便宜 路况不确定，速度较慢	约 4~5 小时，票价约 70 元 / 程

丽江周边寻幽访古一周游推荐路线示意图

大理 2日游路线

2天2夜游大理路线		
日期	时间	每日安排
第1天	上午	苍山
	下午	崇圣寺三塔→大理古城
第2天	上午	喜洲古镇
	下午	洱海→双廊

第1天

大理第一天路线示意图

小梨园
一丘田
王冒山
白王城山
上关镇
老马槽
沙磨地
干海子
双廊
黑水塘
三娘母山
南诏风情岛
喜洲古镇
关李村
花甸子
松家湾
挖色镇
烂泥塘
湾桥乡
湾桥镇
银桥镇
西村
天镜阁
甸头
中和溪
七里桥乡
石房子
大理机场
马尾水
洱海公园
大理
第2天

大理第二天线路示意图

丽江 3日游路线

3天3夜游丽江路线		
日期	时间	每日安排
第1天	上午	黑龙潭公园
	下午	丽江古城（木府）→丽江古城（四方街）
第2天	上午	玉龙雪山
	下午	束河古镇
第3天	上午	拉市海
	下午	虎跳峡

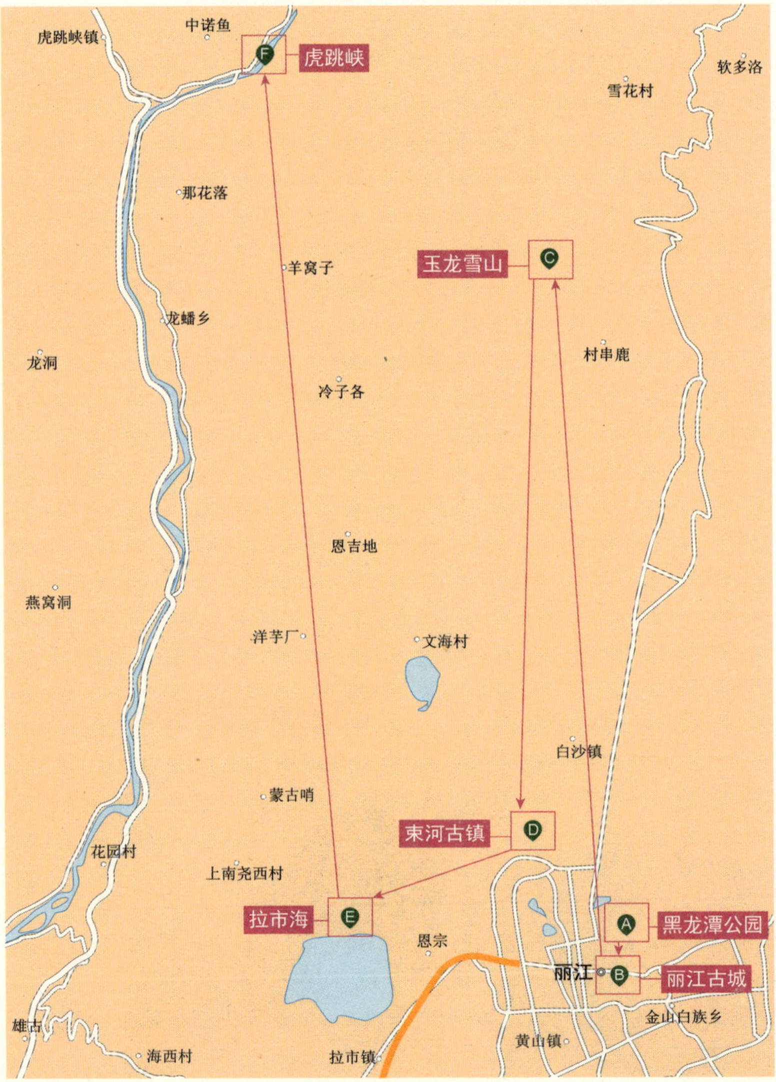

丽江三日游线路示意图

香格里拉 2日游路线

2天2夜游香格里拉路线		
日期	每日安排	
第1天	上午	路上
	下午	松赞林寺
第2天	上午	独克宗古城
	下午	普达措国家公园

第1天

香格里拉第 天线路示意图

第 2 天

普达措国家公园景区示意图

昆明周边奇山异水一周游

交通			
线路	线路交通方式	特点	运行时间 / 票价
昆明—石林	火车	速度快，价格便宜 班次固定，出发时间不自由	约 1.7 小时，票价约 18 元 / 程
	汽车	时间自由，全天有车 价格稍贵，路况不确定	约 1.5 小时，票价约 23 元 / 程
石林—罗平	火车	速度快，安全便捷 班次固定不自由	约 2 小时，票价约 20 元 / 程
	汽车	价格稍贵，速度较慢 班次固定，出发时间不自由	约 2.5 小时，票价约 35 元 / 程
罗平—普者黑	汽车	唯一的交通方式 班次少，发车时间不自由	约 5 小时，票价约 40 元 / 程

昆明周边奇山异水一周游推荐线路示意图

昆明2日游路线

2天2夜游昆明路线		
日期	时间	每日安排
第1天	上午	西山森林公园
	下午	云南民族村→金马碧鸡坊
第2天	上午	金殿
	下午	世博园→翠湖公园

第1天

昆明第一天线路示意图

第2天

昆明第二天线路示意图

石林1日游路线

1天1夜游石林路线		
日期	时间	每日安排
第1天	全天	石林风景区

第1天

石林风景区示意图

罗平 2日游路线

2天2夜游罗平路线		
日期	每日安排	
第1天	上午	在路上
	下午	九龙瀑布群
第2天	上午	多依河风景区
	下午	罗平花海

罗平两日游线路示意图

普者黑1日游路线

1天1夜游普者黑路线		
日期	每日安排	
第1天	上午	在路上
	下午	普者黑风景区

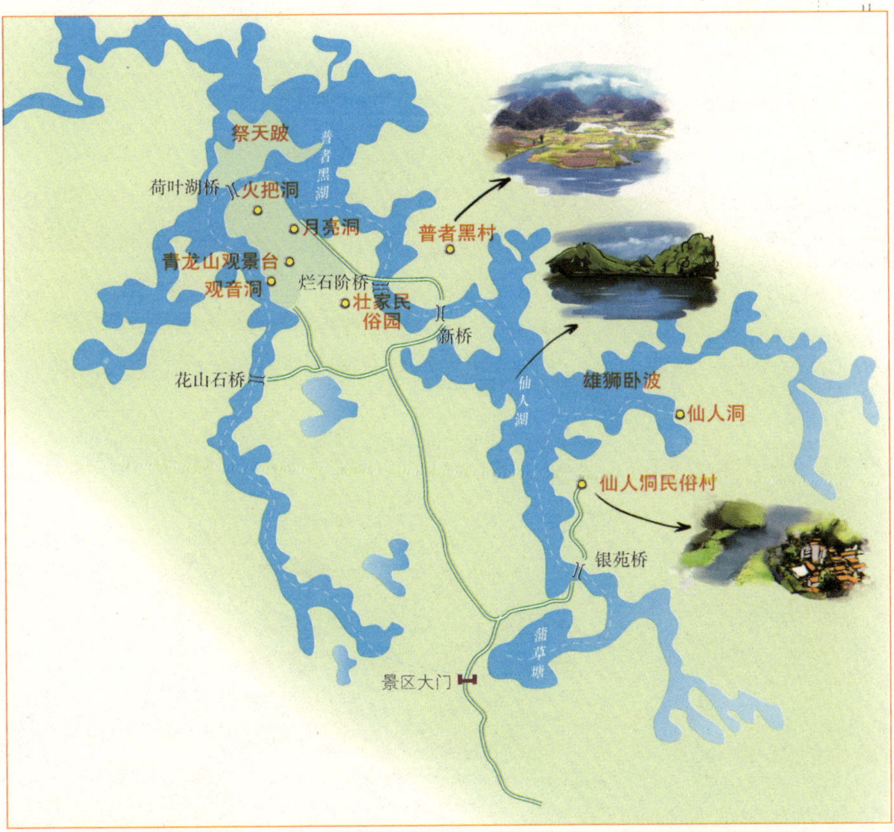

普者黑风景区示意图

西双版纳周边多样风情一周游

西双版纳 约454千米 建水

约80千米

元阳

交通			
线路	线路交通方式	特点	运行时间 / 票价
西双版纳—建水	汽车	唯一的交通方式 班次固定耗时长	约6小时，票价约192元/程
建水—元阳	汽车	全天滚动发车，时间相对自由，耗时较长	约2.5小时，票价约32元/程

西双版纳周边多样风情一周游推荐线路示意图

西双版纳 3日游路线

3天3夜游西双版纳路线		
日期	每日安排	
第1天	上午	野象谷
	下午	基诺山寨→曼景兰村
第2天	上午	西双版纳原始森林公园
	下午	西双版纳傣族园→橄榄坝
第3天	上午	勐泐大佛寺→曼飞龙白塔
	下午	曼听公园→湄公河篝火晚会

第1天

西双版纳第一天线路示意图

第2天

西双版纳第二天线路示意图

第3大

西双版纳第三天线路示意图

建水 2日游路线

2天2夜游建水路线		
日期	每日安排	
第1天	上午	建水文庙
	下午	朱家花园→朝阳楼
第2天	上午	团山村
	下午	双龙桥

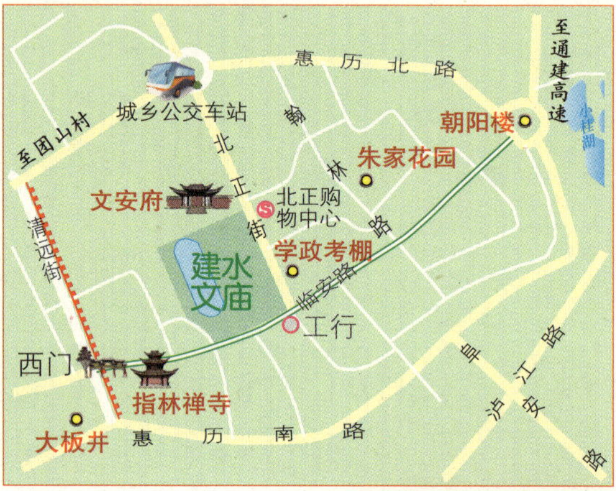

建水古城景区示意图

元阳2日游路线

2天1夜游元阳路线		
日期	每日安排	
第1天	上午	在路上
	下午	老虎嘴景区
第2天	上午	多依树景区
	下午	返程

元阳梯田景区示意图

腾冲
周边边境风貌一周游

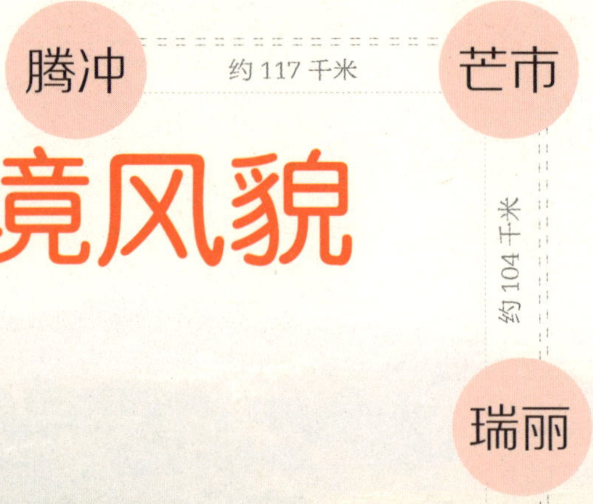

交通			
线路	线路交通方式	特点	运行时间 / 票价
腾冲—芒市	汽车	班次较多，滚动发车，时间相对自由	3~3.5小时，票价约40元/程
芒市—瑞丽	汽车	班次较多，价格便宜	约2小时，票价约30元/程

腾冲 3日游路线

3天3夜游腾冲路线		
日期	每日安排	
第1天	上午	腾冲火山地热国家地质公园
	下午	银杏村
第2天	上午	腾冲热海
	下午	国殇墓园
第3天	全天	和顺古镇

第1天

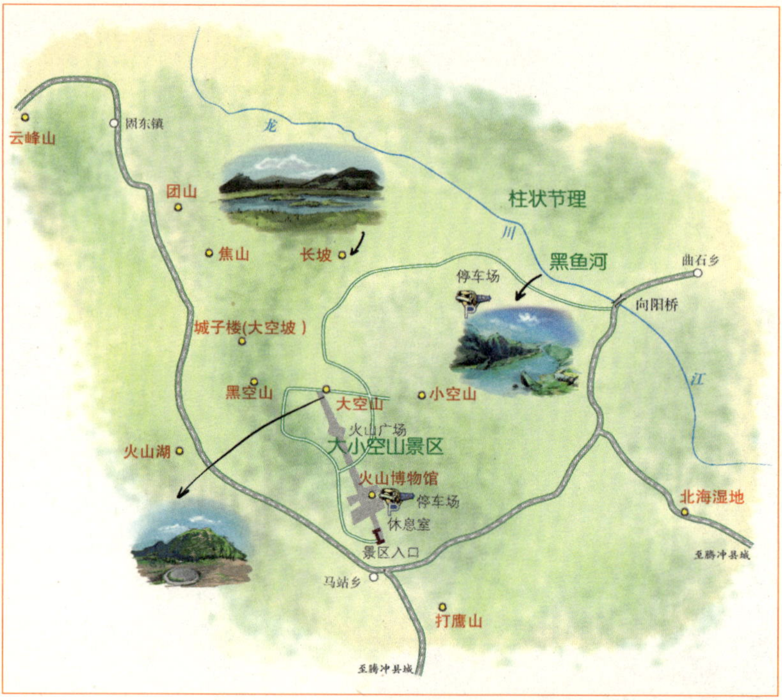

腾冲火山地热国家地质公园景区示意图

第2天

腾冲第二天线路示意图

第3天

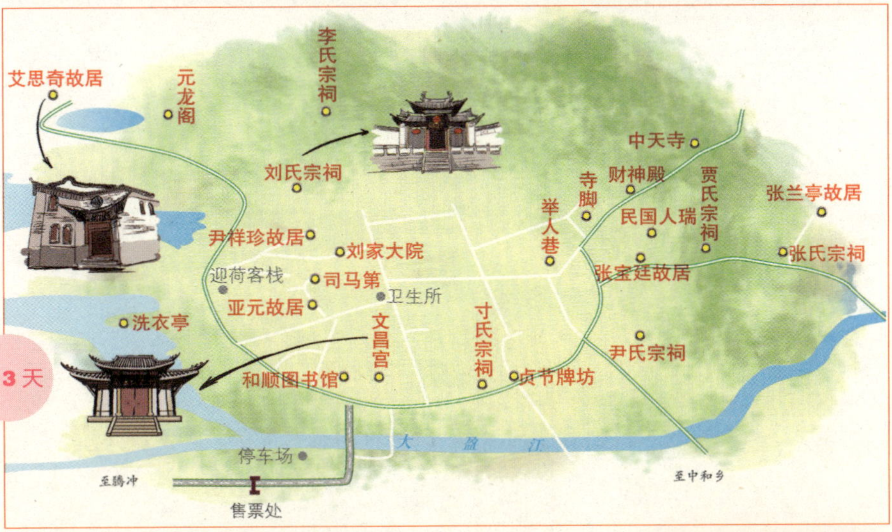

和顺古镇景点示意图

芒市1日游路线

1天1夜游芒市路线

日期	时间	每日安排
第1天	上午	勐焕大金塔
	下午	勐巴娜西珍奇园→树包塔

芒市一日游的线路示意图

瑞丽 2日游路线

2天2夜游瑞丽路线		
日期	每日安排	
第1天	上午	畹町桥→扎朵热带雨林景区→芒令独树成林
	下午	姐告口岸→中缅街
第2天	上午	一寨两国
	下午	喊沙村

第1天

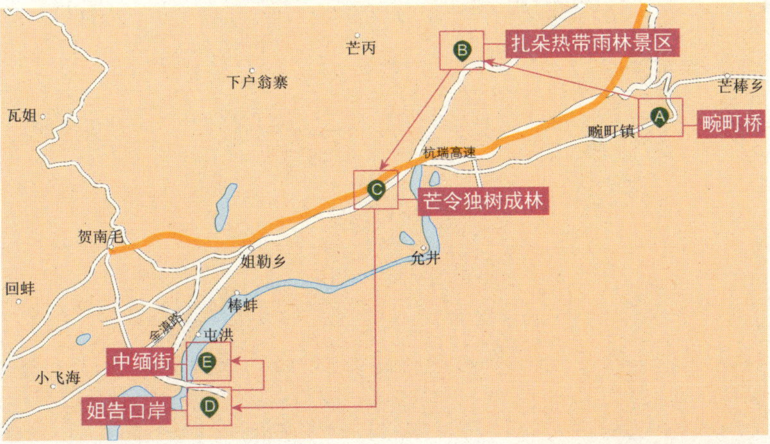

瑞丽第一天线路示意图

第2天

瑞丽第二天线路示意图

腾冲周边边境风貌一周游

怒江大峡谷探秘采风一周游

六库 约135千米 福贡 约113千米 贡山

怒江大峡谷探秘采风一周游推荐线路示意图

交通

怒江这条线路目前不适合大巴团队旅游。艰苦点的可以搭长途车自助背包游，奢侈点的几个人通过旅行社租一辆越野车，从六库到丙中洛都有柏油路，但因为山体塌方的事情常有发生，驾车一定要小心慢速，集中注意力，最好请一位当地陪驾。

六库1日游路线

1天1夜游泸水路线		
日期	每日安排	
第1天	上午	怒江大桥
	下午	向阳桥

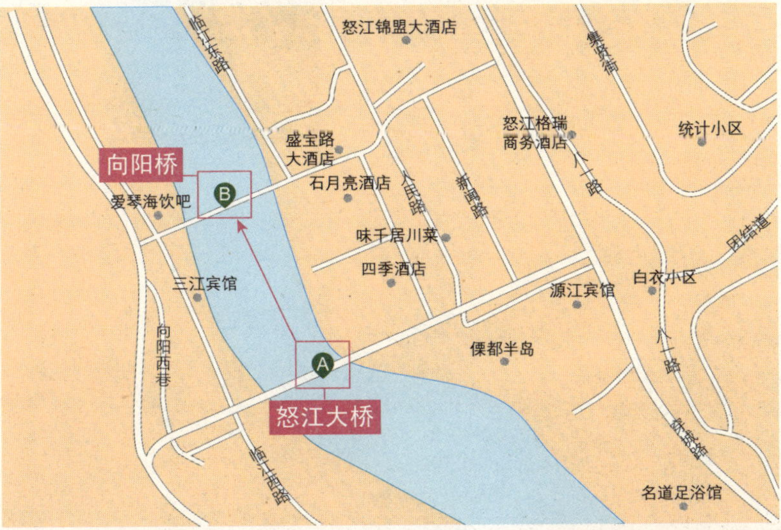

六库一日游线路示意图

福贡2日游路线

2天2夜游福贡路线		
日期	每日安排	
第1天	上午	老姆登教堂
	下午	知子罗
第2天	上午	腊乌岩瀑布
	下午	石月亮

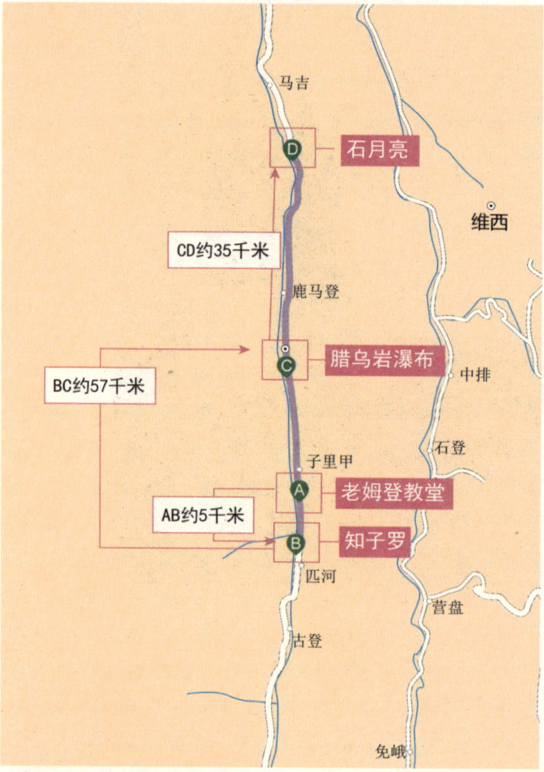

福贡两日游线路示意图

贡山 3 日游路线

3 天 3 夜游贡山路线		
日期	每日安排	
第 1 天	全天	独龙江峡谷
第 2 天	上午	怒江第一湾→桃花岛
	下午	重丁教堂→石门关
第 3 天	上午	雾里村
	下午	秋那通

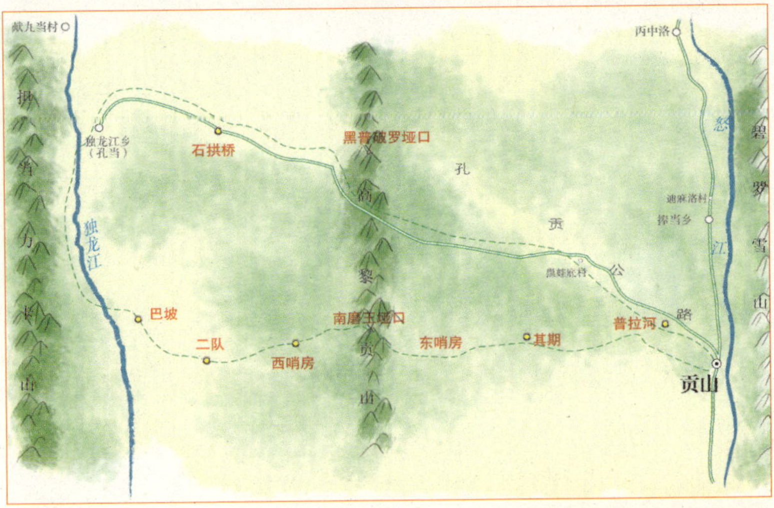

独龙江峡谷景区示意图

PREFACE 前言

云南地处我国西南边陲，东与贵州省、广西壮族自治区为邻，南同老挝、越南毗邻，北与四川省相连，西北紧靠西藏自治区，西部和缅甸接壤，北回归线从南部穿过。云南素以其独特的自然风光、悠久的历史文化、多彩的民族风情吸引着越来越多的游客到此观光旅游。

云南是一片美丽而神奇的乐土，是中国自然风光的缩影。它有着纵横交错的险峰峡谷，源远流长的江河溪流，星罗棋布的湖泊温泉，侠骨柔情的风花雪月……

云南有着悠久的历史文化。中国古代"南方丝绸之路"经云南通往东南亚、南亚。千百年来，伴随着中华民族的发展，云南各民族融合、演变、发展，走过了漫长的历史，成为了今天的彩云之南。

云南少数民族民居建筑各具特色，各式各样。云南少数民族的服饰绚丽多彩，各具特色。在语言和文化方面也有各自的语种和文字。民族节日也丰富多彩，有的民族有许多节日，有的节日则是多民族所共有，这也就造就了云南民族文化的丰富多样。

在云南，既可以享受丽江的慵懒时光，又可以感受昆明的四季如春；既能够欣赏西双版纳的热带雨林，又能够了解腾冲周边的历史文化；还可以自驾，探秘怒江秘境……不论是旅行的主题还是旅行的方式，云南都可以给你提供多种选择。

《云南一周游》现已全新改版。开篇呈现了云南核心城市的交通方式，并配有详细的路线推荐图，具体到城市。本书还罗列了每天的景点安排，并且使用精确的路线图加以辅助，确保出行无烦恼；正文分为丽江周边寻幽访古、昆明周边奇山异水、西双版纳周边多样风情、腾冲周边边境风貌、怒江大峡谷探秘采风五部分，以旅行路线串联所有目的地，并加入时间安排表，让你轻轻松松游玩云南各大景点；如果打算多待一两天，本书还会提供小众的探险旅游地，可欣赏更多别样的云南风光。

目录

1–24

导读：一周怎么玩

25–74

第一部分 丽江周边寻幽访古一周游

第二部分 昆明周边奇山异水一周游

75–106

107–136

第三部分 西双版纳周边多样风情一周游

137–166

第四部分 腾冲周边边境风貌一周游

第五部分 怒江大峡谷探秘采风一周游

丽江泸沽湖

丽江古城-小巷客栈

导读：一周怎么玩

WELCOME TO YUNNAN

一周时间能去哪儿

云南是很多游客所向往的旅游目的地之一，险峰峡谷纵横交错，江河溪流源远流长，湖泊温泉星罗棋布，造就了这块神奇美丽的乐土。那里有苍山的白雪、昆明的鲜花、西双版纳的热带雨林、怒江的神秘风光。云南美景太多太多，然而我们在到云南旅行前准备工作不免有一些烦乱。本书的宗旨在于合理地安排行程，让游客在一周之内，深入地游玩云南某个地域，在时间允许的情况下，尽可能地深入了解云南的风土人情。

一周游云南路线概览		
目的区域	游玩地区	区域特色
丽江周边	大理、丽江、香格里拉、泸沽湖	丽江一线是最为游人熟悉的一条线路，也是很多人旅行的首选，这里是“时光静好”最贴切的诠释
昆明周边	昆明、石林、罗平、普者黑	昆明有着“春城”之称；石林以独特的喀斯特地貌吸引着来往的游客；罗平山水花田不可多得；普者黑泛舟赏荷同样有着别样的趣味
西双版纳周边	西双版纳、建水、元阳	西双版纳周边一线有着繁茂的雨林、傣族的风土人情、明清的建筑和文化、蔚为壮观的梯田，是糅合了自然景观和人文景观的一条线路
腾冲周边	腾冲、芒市、瑞丽	腾冲瑞丽一线有着丰富多彩的民间文艺和民族风情，景致独特的名胜古迹，都值得游客到此一游
怒江沿线	六库、福贡、贡山	到过怒江的人都会被它的古老壮阔所震撼，巍峨的群峰连绵不断，汹涌的江水奔流不息，这里是勇者的乐园、冒险者的天堂

云南旅游行程示意图
丽江周边寻幽访古一周游
香格里拉
泸沽湖
贡山
福贡
丽江
大理
六库
怒江大峡谷探秘采风一周游
昆明
九乡
石林
腾冲
罗平
芒市
丘北
昆明周边奇山异水一周游
腾冲周边边境风貌一周游
瑞丽
建水
元阳
西双版纳周边多样风情一周游
西双版纳

一周游需要多少钱

云南作为热门的旅行目的地，其整体消费水平并不算太高，然而在一些热门景区周边，高消费是在所难免的。在云南游玩，饮食和路费可能会占据大部分的开销，特别是在怒江一线，交通不便，大多数出行只能选择包车。出游之前，建议游客先为自己制作一个项目支出表，因消费能力不同，具体准备多少钱，依据个人情况而定。根据路线的不同，预算也会不同，一般在 2000~5000 元之间。

云南旅游经费预算			
项目	分类	费用	备注
行李	需添置物品	视情况而定	行李箱、防晒霜、红景天口服液及一些相关物品
住宿	昆明	约 150 元 / 天	昆明的住宿不算太贵，一般快捷宾馆的住宿费用基本在 150 元左右，如果住在星级酒店则另当别论
	昆明之外	约 100 元 / 天	如果对住宿不太挑剔，只求干净卫生，那么住在一般的民居客栈也未尝不可，而且价格会便宜不少
饮食	滇菜餐馆	约 50 元 / 餐	滇菜餐馆一般价格比较平民，分量也比较足，人均消费在 50 元左右
交通	出租车	视情况而定	昆明出租车的起步价 8 元，三千米以后每千米 1.8 元，还要加 2.5 元的燃油附加费
	公交车	视情况而定	在市内出行，最好的交通工具是公交车，云南的公交车票价视城市而定，一般为 1~2 块钱
	地铁	2~7 元不等	根据起始站的路程最高 7 元，最低 2 元
	包车	200~800 元不等	在怒江等地，交通不便，前往景点最好的交通方式是包车，一般可选择与人拼车，费用在 200~800 元不等

续表

项目	分类	费用	备注
购物	小礼品	10~100 元	各大景区内都有出售纪念品的地方，以民族风情的首饰、挂坠为主，还有传统的扎染、蜡染等工艺品，通常价格都不算太贵
	土特产	视情况而定	云南的土特产很多，腐乳、饵丝等都可以打包带回家
娱乐	篝火晚会	20 元	泸沽湖的篝火晚会，当地人穿着民族服饰，跳跳舞，与游客合照
	《云南映象》	100~200 元	《云南映象》是一台融传统和现代于一体的舞台新作，将原生的原创乡土歌舞精髓和民族舞经典全新整合重构，展现了云南浓郁的民族风情
景点门票	人文景点	5~80 元	一些古城、祠庙及公园
	自然景观	50~220 元	通常情况下自然景区的门票都不算太贵，一般情况下不会超过 250 元，但是部分景区内的缆车或者索道费用可能需要 30~100 元

从上面的表格可以看出，在云南旅行，最主要的开销是在饮食及交通上，其他项目的开销并不是很大。所以，游客可以妥善安排好食宿及交通，争取一场性价比较高的旅行。

一周如何自助游

出游云南，游客可以选择全自助游和半自助游。

全自助游就是时间完全由自己做主，可以按照自己的喜好安排行程。但是，这种方式就需要游客提前做好准备，查阅大量相关资料，制订出一份详细的旅游计划，帮助自己更好地旅行。

半自助游大体可分为两种类型，一种是由旅行社订好车票与住宿的酒店，行程由游客自己安排。另一种是游客自己订好住宿及车票，到达目的地后跟随当地的旅游团进行参观。半自助游的缺点是出发时间与返回时间不能由自己来把握，时间的局限性很大。如果有多余的时间，也不能临时增加行程。

自助游如何选择舒心住宿

睡眠质量的好与坏会影响到旅行途中的整个精神状态，选择自助游的游客，通常留给住宿的预算都不是很多，绝大多数游客选择的都是经济型酒店、家庭旅馆和青年旅社，这些住宿方式到底哪个更舒心，游客可根据这些住宿类型的特点自行选择。

常见住宿类型特点

经济型酒店	青年旅社	家庭旅馆
配备电梯，免提重物	可能无电梯，楼层不高	楼层通常不高，可能用不到电梯
单独的大床或双床房	有单人房、通铺、上下铺	一般有各种类型的房间
独立卫生间，可淋浴	公用卫生间，可淋浴	大卧室可能有独立卫生间

续表

经济型酒店	青年旅社	家庭旅馆
有定期整理房间的服务	退房后有人整理	大多需要自行整理房间
大多提供早餐	早餐可自制，需收拾餐具	通常有舒心可口的家庭式早餐
提供空调	一般没空调，可能有风扇	根据情况配备空调
提供热水	一般厨房可自行烧热水	可以自己烧热水
价格一般三者中最高	房间床位越多越便宜	价格一般三者里居中
不能自制午餐、晚餐	有厨具，可节约餐饮费	有厨具，可以自己烹饪
一般没有旅游相关活动	定期举办各种活动	一般不组织活动
不一定在热门景点附近	大多数位于热门景点附近	不一定在热门景点附近

从上表可以看出，青年旅社适合喜欢热闹、爱结交各地朋友、对旅游期间住宿要求不高的旅友。而希望更加深入地了解当地民俗风情的旅友可以选择住在当地家庭旅馆；只想在节假日期间享受旅程中的自由时光，希望通过旅行增加个人阅历的旅友可选择经济型酒店。

自助游如何更省钱

在外地旅游，交通、住宿、门票、购物等都是很大的开支，如何在自助游中节约开支是很多旅友都会关心的问题。下面一些建议，方便旅友根据自己的情况调整开支。

自助游省钱窍门

省钱方法	细节
制订旅行计划	确定时间、地点，以重点目的地为中心沿途选择其他次级目标，防止景点重复
巧用时间差	尽可能选择淡季出游，住宿、交通费用都有很大优惠，能省下不少钱；提前购票优惠多
选择交通工具	夜间赶路、白天观光可以争取时间，节约费用
带上信用卡	带现金既麻烦又容易丢失，带上信用卡既方便又安全
以步代车	身体力行地观看景点，减少走马观花的失落感，也能节省不少交通费用
在景区外食宿	景区内的食宿一般都贵，可以中午携带食物填饱肚子，出了景区再找食宿
慎买景区商品	景区的物价都很高，而在一些特色街区都能找到便宜又精美的物品
结伴出游	在市区内，独自出游很合适，若是到怒江等地区游玩，最好结伴自驾、包车出行

一周如何自驾游

不管是租车自驾还是开车自驾，都是非常惬意的事情，而怒江等地是自驾爱好者的天堂，这里有最为多样性的地貌，这里有最丰富的民俗和自然景观，这里有最具挑战性的路况。

在云南自驾，需要注意的是当地的路况以及天气。需提前关注当地的天气情况，怒江等地，山路崎岖，对驾驶技术的要求特别高。可提前利用电子设备对路况进行一个大概的了解，并且熟悉一下路上会经过的加油站。也可多关注一些自驾游网站，学习一些网友的自驾经验，提前做好准备。

而在云南城市内，并不太建议自驾游，市内交通便利，景点之间各种换乘很便捷，且花费较少。而前往怒江等地，可以在抵达目的地后办理租车相关手续，或者自己开车前往，沿途的美景绝对会让人惊喜。

自驾游开什么车

在云南旅游，建议开越野车或 SUV 等车型，这类型车车内空间大，可以储备较多的食物和水，而且抓地性强，在路况不是很好的怒江等地区能够更四平八稳地行驶，保证安全。

如果游客想在费用上节约成本，可以到了当地再租车，然后考虑像北汽路霸、长城哈弗这样的车型，这些车型租金在 500~600 元 / 天，非常经济实惠，越野性能也不错。因为路途漫长，路况也十分不理想，对车子舒适性有较高要求的游客也可以选择三菱帕杰罗、丰田普拉多或陆地巡洋舰等车型。

自驾游注意事项

自驾游首先就要遵循“安全第一”的原则，高高兴兴旅游，平平安安归来，好路不要超速，差路更要慢行。在视线不好的拐弯处，千万不要越过中线行驶！

加油是个很重要的事情，必须在大地方正规加油站加油。如果开的车需要高标号的油品，尽量安排到大城市加油，或者提前准备好，在受条件限制只能加低标号的油品时就加入燃油添加剂。

不要疲劳驾驶，每 3 小时要休息一会，并且把自己或者路上的司机都看成新手，谨慎驾驶，严格遵守交通法规，安全第一！

一周如何跟团走

如果平时工作繁忙，没什么时间做旅行计划又害怕在当地遇到麻烦，可以选择跟团旅行。跟团游有不少好处，那就是吃住玩全部不用游客自己操心，比较省事。而且看的景点必定是经典的，也会有相应的人陪同介绍，游玩路线也比较合理，不会在找地方上白白浪费时间。

熟悉各大旅行社情况

目前，国内旅行社的报价可以分为两种：一种是全包价，即包括了旅行途中食、宿、行、游的全部费用；另一种是小包价，只包含了旅行途中的一部分费用。

如果打算跟团旅行，首先要熟悉各旅行社的情况。尽量选择正规、大型的旅行社，这样更有保障。游客最好能够多了解几家旅行社，多做些资讯和调查，真正做到货比三家。

比较旅行团质量时，要考虑以下因素：1、行程安排，要看行程安排是否与自己预想的一致，是否包含了自己想去的大部分景点；2、费

用内容，只看报价中包含了那些费用，是否需要额外费用；3. 服务细节，服务细节包括了往返时间、交通工具、酒店、用餐、景点票价等费用的支付，细节虽小，却直接影响到此次旅行的质量。

国内非常有影响力的旅行社有中国旅行社、中国国际旅行社、中国康辉旅行社、中青旅、中信旅行社等。

跟团游注意事项

跟团游都是团队行动，所以需要游客有很强的团队观念和时间观念，不能一个人在一个景点待很久不出来。如果报低价的话，可能在食宿方面会很差，所有游客要有心理准备。一般来说，相同景点的情况下跟团游最少要省 2/3 的钱，甚至更多。在跟团游的时候，一些重要景点导游不但会详细讲解，也会留足够时间给你游玩，但千万别离团队太远，以免脱离团队。

旅游网站	
名称	网址
去哪儿网	www.qunar.com
携程	www.ctrip.com
途牛	www.tuniu.com
驴妈妈	www.lvmama.com
马蜂窝	www.mafengwo.cn

如何做最充分的准备

1个月前需做哪些准备

购买机票

现在很多大型旅游网站，比如携程网、去哪儿网和艺龙网，订酒店和机票都很方便和便宜，游客不妨在这些网站上购买机票。购买机票时，航空公司的选择也很重要，东方航空公司的机票相对便宜，飞机比较舒适，也会为游客提供餐饮。春秋航空经常会有廉价机票放出。

常用廉价航空订票网站

航空公司	网址
中国东方航空	www.ceair.com
春秋航空	www.china-sss.com
昆明航空	www.airkunming.com

预订酒店

云南是旅游热门地，有来自世界各地的旅游者，特别是在昆明市内，更是游人如织。因此，前往这里旅游，最好提前预订酒店，特别是在旅游旺季的时候。以下推荐几个网站，大家可根据自己实际情况预订。

常用预订酒店网站

名称	网址	介绍
携程网	www.ctrip.com	预订酒店、机票、餐厅、景点门票的一站式网站，现在很多年轻人都喜欢使用这个网站
去哪儿网	www.qunar.com	预订特价机票、特价酒店的热门网站
Booking	www.booking.com	全球性的酒店预订网站，预订酒店便宜，不过酒店价格一般要加收服务费
猫途鹰	www.tripadvisor.cn	全球知名的旅行社区，汇集了网友真实点评，在这里能够发现不少小众且有特色的酒店

7天前须做哪些准备

办理旅游保险

出门旅游，安全是首要的，因此办理旅游保险是非常有必要的。但是一般在国内旅行很多游客都会忽略这一点。买一份保险，虽然花的钱不多，但却可以有一份保障，买一份安心。

此外，由于在旅游过程中，信用卡是经常使用的物品，较容易被盗或者遗失，所以给信用卡设置不易破解的密码是保障安全的第一步，而给信用卡买份保险是十分必要的，险种通常称为“信用卡意外保险”，只须交40元就可以保20万元的额度。

常用保险公司网站	
网站名	网址
中民保险网	www.zhongmin.cn
新一站保险网	www.xyz.cn
惠泽保险网	www.hzins.com
开心保	www.kaixinbao.com

补充遗忘物品

出省旅游一般可在一周前准备行李，这样能有比较长的时间补充遗忘的行李。最好的办法是，在准备行李前，列个清单，将行李分类，这样在出发前，也容易逐一核实，确保物品不被遗漏。

云南旅行行李类型	
类型	说明
证件类	复印备份，以防万一
衣物类	去云南旅游不需要准备太多衣物，根据当地天气情况带上应季衣物即可
器材类	喜欢摄影、玩手游的旅友，别忘记携带装备；充电宝是必不可少的
日常生活用品类	平时保养、护理离不开的物品，如护手霜、防晒霜、面膜等
药物类	身体不太好，常用药物的游客要准备好平时的药物，以及一些抗高原反应的药物
其他物品	尤其要准备防水的包，或者把所有重要物品用塑料袋套起

确认行李清单

不管是自助游还是跟团游，一些生活必需品都是要带的。此时就需要详细列一清单，确保万无一失。而且选择自助游，所携带的行李更为复杂些，分清哪些是必不可少的物品，哪些是可以不带的物品，对提高旅行质量很有用。

安装实用软件

手机、平板电脑如今已成为了现代人常用的工具，因此，出门在外，不妨下载一些实用软件，如百度地图、大众点评等，这样在旅途中可以更好地找到目的地以及适宜的餐馆。

百度地图

浏览地图、搜索地点、查询公交驾车线路、查看实时路况，是人们出行指南、生活助手。能够提供最新的地图浏览，最全的乘车方案查询以及最准确的票价和时间信息。

软件占用空间：45.2MB

支持机型：安卓手机、苹果手机、平板电脑

APP 图标：

大众点评

中国知名的本地生活信息及交易平台，不仅为用户提供餐饮、购物、休闲娱乐及生活等领域商户信息、消费点评及优惠等服务，同时提供团购、外卖等服务。

支持机型：安卓手机、苹果手机、平板电脑

APP 图标：

收藏必要网站

外出旅游之前，必须对旅游地的多个方面做了解，如怎样前往买这里的机票；这里有哪些著名的景点；这里的住宿情况是怎样的；这里有哪些有名的购物场所或者特色美食等问题。而想要了解这些事宜最快捷的方式便是登录一些旅游网站，观看一些网友的游记，做更详细的了解。

相关网站	
名称	网址
云南旅游信息网	www.ynlyxxw.com
马蜂窝	www.mafengwo.cn
爱彼迎	www.airbnb.cn
穷游网	www.qyer.com

亲子游准备

带小孩出去旅游，充满乐趣和挑战，年轻的爸爸妈妈或许会觉得头痛，担心旅途中出现什么差错，但事实上并不像想象中那么困难，提前做好准备工作，旅行计划够周密，带全孩子的必需品，同样是一个愉快的旅程，这样也可以增长孩子的见识，提高孩子的感知，增加自信。

除了必备的生活物品外，也应该准备一张信息卡放在小孩的衣兜里，上面注明他的姓名、家长联系电话，告诉孩子你下榻旅馆的名称，并要求他背出来。或者佩戴电子防丢器，一旦宝宝距离大人超过几百米，就会自动报警，大大提高了宝宝旅行的安全系数。

亲子游必备物品	
物品种类	备注
衣物	带 1~2 件厚外套，几件长袖衫，可薄可厚搭配些。裤子要多带几条。带一双拖鞋
食品	小宝宝的话，奶粉、米粉要带齐，买些孩子平时爱吃的零食。孩子出门在外胃口不一定好，可以适当地给孩子吃平时限制的食物
用品	饮食用品里，小宝宝要多带几个奶瓶及奶瓶刷，水杯、碗、勺子
	日常用品上，多准备几块毛巾、大浴巾 2 条、塑料袋若干、纸巾、湿纸巾若干包、指甲钳、棉签若干
	护肤用品里，小孩用的洗发精、沐浴露、爽身粉、擦脸霜、护臀膏
	清洁用品里，小牙刷、尿垫子 2 块、香皂一块、尿不湿 1~2 包左右
玩具	可带上 1~2 件孩子在家最喜欢的玩具或书
出行小药箱	药品带上感冒冲剂、妈咪爱、退烧药、退热贴、止咳药、风油精
	急救用品带上绑带、纱布、创可贴、消毒纸巾、体温计、治疗割伤的药膏

老年游准备

老年人的时间很多，而且具有一定的经济能力，所以只要准备充足，完全可以来一场精彩的旅行，而且目前有不少旅行团给老年人私人订制了旅行方案，非常周到。但是，老年游前一些装备还是一定要准备好，以免在旅行过程中手足无措。

在准备装备之前，出游前最好去医院做一次全面的身体检查，根据身体状况，挑选合适的旅游目的地，进行合理的旅行日程安排，如果身体状况不允许，不要勉强，最好结伴而行或者家人陪伴。

老年游必备物品	
物品种类	备注
手机	除了智能手机外，还应带上一款简单易用、待机时间长的手机，方便使用
水壶	水壶的封闭性和保温性一定要非常好，保证老人时常喝上热水暖肠胃
毛毯	老年人身体抵抗力不比年轻人，准备一条毛毯很重要，可以在旅途中、睡觉时盖在身上保暖防感冒
手杖	手杖是老年人的“第三条腿”，高龄老人外出旅游时宜带手杖
药品	不少老年人多少患有一点慢性病，出游时不能停药。同时带上一些急救用品和常用药品，如风湿止痛膏、感冒药、黄连素、健胃药等

学生游准备

韶华易逝，青春易老，不少中、大学生可以在风华正茂的年纪来一次说走就走的旅行。学生游的最大限制就是时间充裕但是资金不足，此时就需要提前做好出行计划，量入为出，上网多搜索相关游记安排自己的旅游目的地。

提前买好票

学生游的出行并没有特别要注意的地方，提前预订机票，一般提前15~45天订票是有优惠的。买火车票、汽车票根据实际情况决定。而买门票时则要记得使用学生证进行打折。

明确旅游目的地

旅游旺季，外出旅游的人较多，且热门景点人潮拥挤票价还高。因此，对资金不是很充裕的学生族来说，无疑会增加很多费用。而有意识地避开旅游热点，上网搜索一些相对较冷门但风景很美或者新开发的景区旅游，能省下不少经费。

使用学生证

不少景区对学生都有优惠政策，因此出门旅行，一定要带上学生证，并且妥善管理。

自驾游准备

在云南自驾是一件很舒服的事情，汽车在路上疾驰，美景从车窗外呼啸而过。除了崎岖的山路产生的颠簸让人不适外，美景所带来的愉悦感却是一路随行。为了更好地享受自驾游，可在行前做好充分准备。

行前车检

检查汽车的状况，注意要无漏水、漏油现象，机件、蓄电池、轮胎气压都要正常。出车前要加足燃油、机油和冷却水。启动汽车后，看仪表、充电显示是否正常，看发动机及底盘有无异响，刹车、喇叭、转弯指示灯、照明灯、雨刮器等要正常工作。

带工具箱

汽车在行驶中的故障多出在电器、点火及供油系统上，因此工具箱除了汽车厂家本身配置的拆换胎工具和千斤顶外，还应有手电筒、电工刀、电工胶布、活动扳手，6~8、8~10、12~14 等开口扳手，螺丝批（一字批及十字批）、试灯、连接线等。最好带上自助补胎工具，这样在很荒凉的地方也可以自己进行简单补胎。

行前地图

买一本最新出版的交通图，在图上标明自己将要走的路线，并且标出路过的城市以及加油的地方。到了当地也要记得问人，记住“路在嘴上”。

自驾游物品清单

物品类	备注
汽车用品	机油、火花塞、冷却剂、发动机皮带、汽油桶、拖车绳、备胎、千斤顶、快速补胎工具、鲤鱼钳、活动扳手、防冻液、停车时用的三角警告牌、雪糕筒
个人用品	手电筒、打火机、餐巾纸、消毒纸巾、卫生筷、餐刀、方便食品、口香糖、个人衣物
急救包	创可贴、纱布、消毒药水等常见急救药品等
证件类	身份证、驾驶证、车辆证明、信用卡

如何到达云南

怎么到云南

航空

云南的航空事业发展很快，拥有昆明长水国际机场、腾冲驼峰机场、丽江三义国际机场、西双版纳嘎洒国际机场、德宏芒市机场、普洱思茅机场、红河蒙自机场、临沧机场、昭通机场、保山机场等。大部分游客都会选择把首次落脚地选在昆明。

昆明现有通达全国各地和世界各主要国家或地区的航线，主要航线有昆明—北京、昆明—上海、昆明—广州等民航线路。

铁路

目前有沪昆、成昆、南昆、内昆及米轨昆河、云桂等干线以及楚昆城际高铁，其中，楚昆城际高铁，在 2018 年 7 月份正式开通了从昆明开往大理的高铁，时长 2 个小时左右；昆河铁路自云南省昆明至中越边境的河口瑶族自治县，原为滇越铁路北段，是中国连接越南的铁路干线。

公路

云南公路运输发达，每天有许多省外班车发往各地，昆明是云南省最大的客运中转中心，许多省内外班车都是由这里发出。到云南旅游，除了火车、飞机以外，很多人也会选择坐长途汽车出行。一般四川、贵州、广西等地发往昆明的班次较多，其他地区的班车班次相对较少。另外，云南还有昆曼国际公路连通中国、老挝和泰国，对于国际旅游和贸易交流都有着重要意义。

在云南吃什么

云南菜由三个地区的特色构成，滇东北地区与四川接壤，其烹调、口味与川菜相似；滇西和滇西南地区因与西藏毗邻以及与缅甸、老挝接壤，少数民族较多，其烹调特色受藏族、回族、寺院菜影响，各少数民族菜点是主体；滇南地区气候温和，雨量充沛，自然资源丰富，是云南菜的本体。云南菜选料广，以烹制山珍、水鲜见长，口味鲜嫩清香，酸辣适中，讲究本味。

云南特色小吃

腊排骨火锅

古朴的陶锅，满满的一锅都是肉。丽江的腊排骨声名远扬久矣，纳西人称之为“丽江第一锅”。无论古城内外，很多餐馆都有提供。

大救驾

大救驾是炒饵块的一种，色香味俱全，这种吃法在腾冲非常普遍是当地最出名的传统小吃之一。如今，大救驾早已走出高黎贡山，在许多大都市安家落户，并备受食客青睐。

香茅草烤鱼

香茅草烤鱼是一道傣族风味菜。将洗净的鱼裹上味道芬芳的香茅草，然后置于火上烧烤，并抹上适量的猪油，烤时香气四溢，烤出来的鱼香味扑鼻，鱼肉酥脆、味道鲜美独特。

凉鸡米线

凉鸡米线绝对是大理古城小吃中的当家花旦。如果来到大理，却没有在大理古城品上一次凉鸡米线，那么，游趣可是要大打折扣。

乳扇

乳扇是大理白族有名的风味小吃，用牛奶制成，乳白色，片状，成卷，状如折扇，故得名乳扇。生吃、干吃、油炸均可，同时也是下酒的好菜。

牦牛肉

牦牛肉是在藏区高原才可以尝到的特色食物。牦牛是世界三大高寒动物之一，牦牛肉被誉为“牛肉之冠”，属于半野生无污染的天然绿色食品。

苏里玛酒

苏里玛酒是摩梭人家用传统工艺酿造的美酒。这种酒呈乳白色，酒度低，味醇美，含丰富的氨基酸、维生素和碳水化合物，被称为“摩梭啤酒”，是摩梭人和普米人迎宾待客的佳品。

官渡粑粑

昆明官渡的地方特产，粑粑将芝麻、花生、核桃等果仁磨细与白糖混合为馅，松软香甜，可口快意。

在云南买什么

由于云南是多民族汇聚的省份，各民族独特的民俗风情孕育出各不相同但韵味十足的服饰、银器等手工艺品，都是可以带回去的好礼物。

普洱茶

普洱茶是云南独有的茶叶，由于其越陈越香，具有减肥养生等诸多功效的特点，受到了广大茶友的追捧。

云腿

云腿即云南宜威火腿，是云南名产之一，原来与浙江的金华火腿齐名。这种火腿，味道十分鲜美，工艺也较复杂，既是宴席上的待客美味，也是居家餐桌上的佐食佳品。

披肩

丽江所有的店面中，卖披肩的是最多了，可以毫不夸张地说是集世界上披肩之大全。各种各样的披肩，色彩斑斓，琳琅满目。

银器

云南号称有色金属王国，将制银技术和银制品用于生产生活中，尤其在衣着方面，创造了灿烂的银饰文化。

玉石

云南玉石资源储量大、品种丰富，其中云南瑞丽是业内人士公认的“翡翠之乡”。云南的这种资源优势在全国范围内都是首屈一指的，是其他地区所无法比拟的。

野生菌

云南复杂的地形地貌，多种多样的森林类型、土壤种类以及得天独厚的立体气候条件，孕育了丰富的野生食用菌资源，其以种类之多，分布之广，产量之大，名扬四海。

在云南玩什么

《云南映象》演出

《云南映象》是杨丽萍主编的大型歌舞表演，演员多是云南少数民族的，表演很投入，可以通过这个表演对云南各民族的文化有个直观的感受，相当震撼。

《印象·丽江》演出

《印象·丽江》是一场大型实景演出，由张艺谋执导，在海拔 3100 米的世界上最高的演出场地，让生命的真实与震撼，如此贴近每一个人。

湄公河篝火歌舞晚会

每天晚上近千人在曼听公园载歌载舞，彻底忘却了旅途的劳顿。有两大特色：一是上千人共同进餐；二是下半场放水灯。接着围着篝火，随着主持人的节奏和指挥，大家尽情舞蹈，狂欢达到高潮。

热海温泉

云南地热资源十分丰富，其中云南腾冲是我国三大地热资源之一，是地热疗养的绝佳之地。

泸沽湖摩梭篝火晚会

来到泸沽湖，晚上是一定要参加摩梭人的篝火晚会的，晚会是村上每户派一个人来表演，气氛十分活跃，不仅可以载歌载舞，还可以品尝当地美食。

纳西古乐

这是丽江，甚至整个云南真正的文化遗产，演出核心的三位演员年龄加起来超过 200 岁。到了丽江应当去感受一下，超脱现代的喧嚣，体验一下艺术的深奥和古老。

香格里拉普达措国家公园

第一部分 丽江周边寻幽访古一周游

WELCOME TO —— LIJIANG

丽 江 万 古 楼

亲历者介绍

Gavin

大理，风花雪月，不虚此行。如果你是一个文艺青年，这里有民谣和故事；如果你是摄影爱好者，这里有着美景和传奇；如果你是一个吃货，这里有美食和花酒。

很幸运，公司每年都会组织一次旅行，这次经过投票大家去了大理。一下飞机，便品尝了这里的美食。我个人比较喜欢这里的花酒，特别是玫瑰味的，是我们一致认为最好喝的。这里的乳扇比较有名，我尝试了一下，还是不太习惯。但是我觉得当地的美食还是有必要去品尝一下，因为美食是当地文化的体现。

这里有故事也有酒，和同事们选择了一家清酒吧，感受着民谣和酒的情怀，由于去的算是大理的淡季，人很少，整个古城充满着虫鸣和民谣交织的声音，让我顿然放下满身的疲劳、戒备和城市中奔波的枷锁……

这次的旅行虽然是匆匆掠过，但下次希望和心里的她，再来一次大理，然后去往不远的西双版纳。

丽江周边印象

这里的山山水水，不会让人失望

在丽江周边有着绵延的山脉和潋滟的碧水，有着苍山洱海的浪漫，也有着泸沽湖、梅里雪山的浩瀚，每逢夏季，这里山水秀色的美景就像被不断上色的油画一样，鲜艳欲滴，美不胜收。

有酒、有故事的古城

在云南的青山绿水之间，拥有着数个独具特色、历史悠久的古镇、古城。美丽的大理古城、大研古镇、双廊、喜洲古镇，它们娴静婉约，向人们展示着历史的美感，在清幽的古镇上有着难得的清凉和安适。

不一样的风情，不一样的味道

位于云南西北部的丽江，是一个包括纳西族、傈僳族、彝族、白族等多个少数民族的聚集地，这里有着多样的少数民族风情，以及各种各样的风俗文化。秀丽典

旅游心得

1 泸沽湖里格半岛风光

2 丽江大研古镇

3 纳西族老人们舞蹈

4

5

雅的白族民居、美味的纳西族美食、鲜艳漂亮的民族服饰，一切的一切都会给你带来一种全新的体验。

纷世中一股清流

在丽江周边旅游，主要是为了感受悠久古镇上那种不被世俗沾染的闲适与惬意，没有生活的奔波与烦扰，在炊烟与饭香之中尽情地享受生活的平静，那种与自然亲近的浪漫是繁忙都市人迫切向往的宁静。

吃货，这里味道很独特

云南西北部菜品选料较广，以烹制山珍、水鲜见长，口味鲜嫩清香，酸辣适中，讲究本味和原汁原味。云南的饮食有着鲜明的民族和地方特色，其中乳扇和诺邓火腿，都因为上过《舌尖上的中国》而名声大噪。

最接近天堂的地方

每个人的心中都有一片圣地，在云南的西北部，这片圣地叫香格里拉。这里的高山湖泊神秘纯净，林海深沉如墨，田野稻香弥漫，草原牛羊成群，入眼即为画，因而也成为了世人口中与世隔绝的世外桃源。

6

4 咖啡馆中的慢生活 5 大理美食烤乳扇 6 香格里拉小中甸牦牛

关注气候

丽江周边最佳旅游季节

云南西北部气候多样，温暖舒适，最佳的旅游季节分别为5~7月的春末夏初和9~10月的秋季，这段时间云南的气温舒适和天气良好，5~6月是观看杜鹃花的季节。夏天这里不算热，下起雨来还会有点凉，是避暑的去处之一。但是这两个季节昼夜温差也较大，需多带衣物注意保暖。

最佳季节的装备表	
特殊必备品	必备原因
长衫、长裤、运动鞋	云南西北部地区早晚温差较大，注意添加衣物预防感冒。运动鞋对于爬山、徒步等项目有很大的帮助
高倍数防晒霜、太阳镜	云南西北部紫外线照射较强，注意防晒，带好防晒用品
雨衣、雨具	夏季恰逢云南西北部地区的雨季，携带一把折叠雨伞能很好地应对突降大雨的天气

最佳季节的衣物表

云南西北部最佳季节衣物					
衣物种类	5月	6月	7月	9月	10月
棉制短袖	√	√	√	√	√
薄外套	√	—	—	√	√
长裙	√	√	√	√	—
牛仔裤	√	√	√	√	√
薄毛衣	—	—	—	—	√

丽江及周边玩点

丽江地处于云南西北部，历史悠久，风光秀丽，是“南方丝绸之路”和“茶马古道”的重要通道。其中丽江古城可以登高揽胜、临河就水、走街入院和入市过桥，在这座古城里也集中体现了历史文化和民族风情。玉龙雪山不仅气势磅礴而且秀丽挺拔，在碧蓝天幕映衬下，像一条玉龙在空中飞舞，这里的植物资源丰富极具旅游价值。另外，令游客十分向往的便是拥有着湖光山色的泸沽湖。

玩点速览

洱海 （见 P40）
白族人民的“母亲河”

苍山 （见 P31）
看大理“风花雪月”中“雪”之景

丽江古城 （见 P47）
小桥流水人家

玉龙雪山 （见 P52）
巍峨壮丽的雪山风景

拉市海 （见 P57）
生命的摇篮

束河古镇 （见 P54）
高峰之下的村寨

松赞林寺 （见 P61）
藏族艺术博物馆

虎跳峡 （见 P58）
中国最深的峡谷之一

泸沽湖 （见 P66）
中国第三大深水湖泊

普达措国家公园 （见 P63）
“三江并流”世界遗产重要组成部分

经典线路

大理两日游

大理白族自治州位于云南省的西北部，东临洱海，西及苍山，是一座千年古城。唐代的南昭国、宋代的大理国都曾将它作为都城，悠久的历史和文化，使大理拥有“文献名邦”的美称。每到夏季，秀美的大理也跟着燥热的空气一起变得欢快起来，到处都是一种朝气蓬勃的烟火气息，让人心生荡漾，流连忘返。

第1天 苍山→崇圣寺三塔→大理古城

夏季大理天气晴朗明媚，第一天前往苍山，看那群山远黛的风姿；下午去崇圣寺三塔，在碧蓝天空下看崇圣寺三塔的美轮美奂；逛完三塔回到大理古城散步、逛小店、赏夜景，也可以到热闹的酒吧里坐一坐。

07:30~08:30
↓
在路上
乘坐 4 路公交车到一塔路口下车，步行到达苍山地质公园。

08:30~12:00
苍山：进入景区后，乘坐苍山索道，经七龙女池后直达 3920 米的洗马潭。之后沿着玉带路一路向北，边走边玩。由于苍山上餐饮资源有限，可以自带食物，以备充饥。

苍山

苍山是云岭山脉南端的主峰，由十九座山峰由北而南组成，如一道绿色屏障，雄峙于洱海西岸。经夏不消的苍山雪，是素负盛名的大理“风花雪月”四景之一。盛夏时节，苍山山腰上苍翠欲滴，而峰巅仍萦云载雪，十分浪漫多姿。

乘上缓缓运行的索道，郁郁的苍山、皑皑的白雪、蓝蓝的洱海、悠悠的古城，星罗棋布的白族民居尽收眼底，夏季清爽的凉风拂过耳畔，十分惬意。

苍山公众号

望夫云常出现于冬春季节，玉局峰顶出现一朵洁白似雪的云，之后逐渐拉高并变黑，慢慢的，仿佛天空中屹立着一个女人在遥望远方，这就是传说中的望夫云。望夫云出现后，洱海一定会狂风大作，惊涛骇浪，洱海上船只无法通行，望夫云因此又被称为无渡云。

苍山十八溪苍山十九峰每两峰之间都有一条溪流奔流而下，这就是著名的苍山十八溪。十八条溪水风情各异，姿态万千，最终汇入洱海，滋润着苍洱大地。

感通寺有“名士高僧共一楼”的千古佳话，明末高僧担当曾题联云：“寺古松森，西南览胜无双地；马嘶花放，苍洱驰名第一山。”背靠苍山，面对洱海，集天地间灵气于一身，又名荡山寺。

苍山通票 120 元（感通往返索道票 + 苍山地质公园门票）。苍山具体位置在大理古城隐仙路，在大理古城乘坐 4 路公交车或三塔专线到大理镇二中站下车，步行到达感通索道站。

12:00~13:00
↓
在路上
从苍山乘坐 4 路公交车或者三塔专线到达玉局路口站，步行可以到达大理古城。

13:00~14:00
↓
从苍山下来，回到大理古城用午餐，那里有着很多特色美食，如大理砂锅鱼、乳扇、粑肉饵丝、喜洲粑粑等。

14:00~14:30
↓
在路上
从大理古城乘坐 3 塔专线在崇圣寺三塔站下车，即可到达。

14:30~17:30
↓
进入进景区后，从山门步行沿中轴线经大雄宝殿至望海楼。回程从望海楼步行至大雄宝殿乘游览车至雨桐观音殿步行经聚影池、塔区拍照留影。

大理菜式味道多为酸辣辛香，口味比较重，食材以鸡、鱼、菌类为主，鲜花也可入菜，比较典型的有砂锅鱼、黄焖鸡、老奶洋芋、三道茶，还有各种花炒蛋等。大理的小吃也有很多，比如街上都可以看到的烤饵块、乳扇、凉鸡米线、破酥粑粑、木瓜水等。

位于大理古城人民路 198 号的再回首，是以凉鸡米线、各种卤制品为主的一家民族小吃店，风味独特，深受广大顾客的喜爱。人均 15 元。

崇圣寺三塔

崇圣寺三塔位于大理古城以北 1.5 千米苍山应乐峰下，是苍洱胜景之一。三塔背靠苍山，面临洱海，由一大二小三座佛塔组成，呈三足鼎立之势。盛夏时节，以蓝天白云作为背景，在绚烂阳光的照耀下，傲然而立的三塔更显卓然挺秀，俊逸不凡，熠熠生辉的古代建筑，着实让人流连忘返。

崇圣寺三塔门票 110 元（含往返电瓶车）。

崇圣寺遗址　崇圣寺原在三塔之西，靠苍山一面，其山门距三塔主塔约 120 米，是南诏国第 10 代国王劝丰右时（公元 824~ 公元 859 年）所建。时为南诏国后期，佛教兴盛，崇圣寺建成之后即为南诏国、后期的大理国时期佛教活动的中心。

千寻塔　三塔的主塔名叫千寻塔，为方形密檐式空心砖塔，是中国现存座塔最高者之一。塔以白灰涂面，每级四面有龛，相对两龛供佛像，另两龛为窗洞。塔内装有木骨架，塔身内壁垂直贯通上下，设有木质楼梯，循梯可达顶层，从瞭望小孔中欣赏大理古城全貌。

崇圣寺三塔位于大理市大理古城北郊崇圣寺三塔文化旅游区内，从大理古城乘坐三塔专线到崇圣寺三塔站下，步行即可到达。

崇圣寺公众号

崇圣寺三塔是大理的标志性建筑，香火鼎盛，蓝天白云，青砖红瓦，颜色对比强烈。每走一步，端详着曾经预演的历史，底蕴在前后左右蔓延。

17:30~18:00

↓

在路上

从崇圣寺三塔乘坐三塔专线到达一塔路口站，即可到达。

18:00~20:30

大理古城：傍晚回到大理古城，到复兴路逛街吃饭，天黑之后可以前往洋人街和人民路一带，那里有很多的特色酒吧和咖啡馆，有些店里还有驻唱歌手或者游人的即兴演出，热闹非凡。你尽可以在酒杯和音乐间寻觅那份属于你的活色生香。

大理古城

夏季傍晚的大理古城，气氛安逸而又热闹，来自各地的旅游者们汇聚在这里，在闪烁的霓虹灯下逛逛石板路长街，听一段沧桑的《去大理》，夜风微拂，苍山与洱海已然寂静，夜空中的星子闪烁着光芒，你的心也随之荡漾，也许这就是旅游的真谛。

文献楼是大理古城的标志性建筑，位于古城南门外1千米处。始建于清康熙年间，楼额悬挂云南提督偏图所题的“文献名邦”匾额，故名文献楼。文献楼横跨在南面进入大理古城通道上，道路两旁柳树成荫，拂面依依，颇有诗情画意，古时是官府迎送达官贵人的门户。

大理古城位于复兴路苍屏街，从下关镇乘坐8路公交车在风花雪月酒店站下车或者乘坐三塔专线在一塔路口下车，皆可到达。

洋人街原名护国路，是一条东西向长约1千米的青石板路，也是古城内一条繁华的商业街。到了晚上，街上的酒吧开始营业，街上尤为热闹，最出名的要数唐朝酒吧。沿街有中西风味餐厅、扎染店、画廊等许多小店，出售白族特色小吃和纪念品，可一路吃吃逛逛，只是价格偏高。

人民路这条古城老街东西走穿不到一千米，出东门去洱海，出西门上苍山，它的一天，朝阳刺穿整条古巷，落日余光逐次退去，古朴，闲雅。慢慢商业化的人民路，小酒馆、咖啡屋及书店多了起来，中外艺人也在这条巷子里摆摊杂耍，各地文艺青年集聚在这里，使夜晚的人民路变成一个舞台，有着难得的世俗温情。

来到大理古城，我的脚步似乎也放慢了好多，感觉这的人生活的如此幸福，起床后在街边的凳子上吃点小吃，晒晒太阳，可以浮想联翩，也可什么都不想，真是十分美好。

大理古城公众号

游玩了一天之后，带着难掩的兴奋与疲惫，找一家特色的大理餐馆，好好品尝一下当地的特色美食，感受老城餐馆内的那种厚重与淳朴，享受美味的同时又能短暂地歇歇脚，放松一下身心，十分不错。

樱花屋云南民族音乐美食餐厅是一个将美味与情调相结合的餐厅。梅汁排骨、野生菌汤锅、青梅烧排骨、喜洲粑粑都是本店的特色菜，在餐厅里还可以见到当地特制的风花雪月的啤酒、樱花之恋等美酒。

樱花屋云南民族餐厅位于大理市大理古城护国路 20 号，饭馆人均 45 元。

大理住行

经过了白天的游玩，不知不觉天色渐黑，街道两旁鳞次栉比的小店纷纷亮起了霓虹，仿佛进入了璀璨的童话世界。这时，可以到大理古城游玩，在舒服惬意的夏日微风下，逛一逛古城里的热闹小街，感受那种喧闹的烟火气息。

住宿

大理的住宿资源非常丰富，无论是在古城内还是各个景点旁都分布着多家旅馆，其中很受欢迎的莫过于特色的青年旅社，标新立异的装潢、低廉的价格、舒适的环境都受到了诸多背包客们的追捧，除此之外，大理还有许多特色酒店、高档会所等，可以满足各类游客的需求。

住宿地推荐

大理古城一号院

店地处博爱路南段，可以俯瞰大理古城全貌，俯背靠苍山，面朝洱海。独立的庭院风景宜人，在这里您可以看书饮茶，晒日发呆，享受大理的悠闲生活。

大理市大理古城博爱路 9 号

0872-6868111

大理乐途国际青年旅舍

大理乐途国际青年旅舍，位于 8 路公交车始发站，附近 100 米有 2 路车到苍山、洱海和 1 路车到三塔公园、崇圣寺，交通十分便利。旅舍有宽敞的活动厅和漂亮的花园，一楼有公用电脑、图书、报刊和咖啡厅。

大理市大理古城叶榆路六十医院东大门对面

0872-2504122

第2天 喜洲古镇→洱海→双廊

第二天一早前往喜洲古镇。喜洲东临洱海，西枕苍山，这里有着保存最多、最好的白族民居建筑群。下午在洱海游玩，春季的洱海绿树成荫，水波粼粼，每年四月前后会有著名的蝴蝶会，是一年中最佳旅游时节。傍晚到双廊，享受美食的同时也感受着当地的慢生活。

08:00~09:00

↓

在路上

从大理古城可以直接租车到达喜洲古镇，或者直接乘坐当地中巴车到达。

9:00~12:00

喜洲古镇：参观古镇内白族民居建筑，观看白族歌舞表演，品三道茶。

喜洲古镇

喜洲古镇距今有一千多年的历史，是大理文化的发祥地之一。喜洲人有着悠久的经商历史，小镇只有一条横贯南北的主街，整条街上紧挨着的一家家临街作坊铺子鳞次栉比，数不清的摊点和卖铺经营着土杂、农具、民间工艺、食品，大理石制品等，一切应有尽有。

从古城或下关乘坐开往喜洲中巴，票价约10元。古镇开放时间为08:30~17:00。

七尺书楼位于喜洲古镇大界巷8号，是明代著名的文人杨士云于1526年前后建成。书楼为全土木结构建筑，有三大间房屋。房向坐东朝西，三间全部分为楼上楼下两层，门窗板壁均雕刻着精美的图案。房屋组合为“三坊一照壁”的建筑格局。

严家大院位于喜洲古镇四方街富春里1号，为大理著名的民族资本家严子珍于1919年兴建。严家大院已经成为云南大理景点中最有民居民俗特色旅游文化产业。白族三道茶歌舞表演更是大理白族文化的精髓。

杨家民居门票 95 元，其中包括景区参观门票，白族三道菜歌舞表演。

杨家大院位于喜洲古镇染衣巷 19 号，是清代初期的建筑。杨家大院以凝固了的艺术方式，形成了一道独特的风景线。勤劳好客的白族人民，在苍山脚下，洱海之滨创造了悠久的历史文化，直到今天，这些文化积淀还焕发着新的活力。

当我第一次造访喜洲，到一户户的白族民家院落去看一看，透过那昔日曾经辉煌一时，而今落满岁月尘埃的门楼户壁，一种历史的厚重与古今的沧桑感便油然而生！

↓
12:00~13:00
喜洲古镇有着特色的白族小吃，像破酥粑粑。也可以在古镇中寻找餐馆。

来到喜洲，不得不提的就是有名的喜洲粑粑，这是当地的一种特色小吃，也叫喜洲破酥，有甜有咸，味香诱人。也一定要品尝一口别具韵味的白族三道茶，体味一下“一苦二甜三回味”的人生哲理。小伙伴们到了喜洲，可千万不要错过！

复兴破酥粑粑位于喜洲古镇四方街九号，人均 15 元。

喜洲复兴破酥粑粑因源于大理喜洲镇而得名，分甜、咸两类。民间常用上下底火烤制。百年老店复兴破酥粑粑就在四方街的西南角，很好找，他家门口经常有人排队。

四方街食店是一家开了 20 年的白族老店，味道正宗。和尚家喜洲粑粑也是当地一绝，值得一尝；德生和玫瑰酱甘香甜糯，花瓣十足，唇齿留香。

四方街位于大理市喜洲四方街街口，人均 40 元。

13:00~13:30
↓
在路上
从喜洲古镇可以直接租车到洱海或者乘坐喜洲中巴到达洱海。

13:30~17:30
洱海：可以乘坐自行车沿洱海骑行，欣赏沿途风景，拍一些美美的照片，也可以乘坐游船，听当地人唱山歌，观看鱼鹰表演。

洱海

洱海海面宛如碧澄澄的蓝天，给人以宁静而悠远的感受。其水质优良，水产资源丰富，同时也是一个有着迤逦风光的景区。

洱海的交通是十分方便，可以直接乘坐 26 路公交车在石房子站下车，步行即可到达。最佳旅行时间：6 月 ~8 月。

洱海公园免费。洱海游船 142 元（含南诏风情岛、天镜阁、小普陀等）。

洱海公园位于洱海南端的洱海公园，是游览苍山洱海风景区的第一站。公园内有一座椭圆形的小山，因山的形状而被当地人叫作团山。洱海公园由海心亭长廊、游泳场、望海楼长廊、动物园、植物园、花圃、钓鱼台、游乐场等部分组成。

天镜阁在大理洱海东玉案山上，山势到这里忽向洱海伸去，三面临水，悬崖壁立，地势险要，有山环吞海，澄海如镜之势。明代，在这里建阁，而名天镜阁，成了大理洱海 4 大名阁之一，后毁，现为在大理天镜阁旧址上重建的天镜阁。

南诏风情岛是洱海三岛之一，位于苍洱国家级风景名胜区的黄金地段——洱源县双廊乡境内。该岛四面环水，东靠著名佛教圣地鸡足山，北接石宝山，南连大理，西对苍山洱海，它浓缩了大理数千年的文化底蕴，尽显南诏、大理两朝六百年的皇都风采。

面朝洱海，微风徐徐，整个岛的面积不是很大，但是可以近距离接触着洱海。

↓

17:30~18:00

↓

在路上

从洱海直接乘坐游船可以直接到达双廊。

18:00~20:30

傍晚前往双廊，可以选择有特色的餐厅吃饭，喝喝咖啡，看看对面的苍山，听听海水拍打岸边的声音。夜宿双廊。

双廊

双廊镇位于洱海东北岸，大理市东北部，东与佛教名山——鸡足山相连，西临洱海，南与市内挖色镇相接，北与本市上关镇和鹤庆县黄坪镇接壤。因门迎碧波洱海，远眺苍山十九峰，集苍洱风光之精华，素有“大理风光在苍洱，苍洱风光在双廊”的美誉。

双廊公众号

双廊位于洱海东岸，可在洱海乘坐游船，也可以在下关乘坐中巴前往，景区全天开放。

在走过无数工地，习惯建筑杂音之后，拨开面纱我看到了那一片纯净的双廊，被波光粼粼的洱海温柔地包裹起来。当地人在钓鱼，外地人在打情骂俏看海晒太阳，不知道有谁还会不爱双廊。

玉几岛有“苍洱风光第一村”之盛誉。站在玉几岛上，远眺苍山十九峰，近观岛曲秀丽景色，俯视洱海碧水清波，一幅壮美秀丽的自然美景尽收眼底，这里是最适宜人类居住和旅游观光的好地方。汇聚着灿烂辉煌的南诏文化和丰富神秘的民俗风情，可纵览壮丽雄奇的苍洱风光。

双廊是白族聚居之地，双廊人是美食家。双廊有悠久的历史文化，和谐优美的自然环境，丰富的物质生产，造就了许多美味可口的饮食，任何一种双廊传统美食，都会让你赞不绝口，流连忘返。

木棉甜品淡淡恬然的木棉，没有浮躁、没有嘈杂，是个清静阅读的好地方。木棉甜品的招牌产品酸甜可口，将米酒与酸奶、各种水果混合在一起，美味而特别。

木棉甜品位于双廊镇玉几岛岛口，人均 30 元。

海韵人家到双廊的游客，基本都会到海韵人家吃饭的。海韵人家很容易找，就在玉几岛口，海街的尽头。海韵人家门口有个大大的树荫，就在这下面放着几张桌子，生意很好。

海韵人家位于双廊镇玉几路，人均 50 元。

白族私房菜白族私房菜在大理市双廊镇大建旁村海地生活旁边，在很多攻略和微博上都被好友推荐过，菜的味道做得很地道，所以生意一直很好，多数顾客都是慕名前往的。

白族私房菜位于双廊古镇大建旁村海地生活旁，人均 50 元。

双廊住行

晚上沿着洱海边的店铺或散步或跑步，末了带瓶双廊风花雪月啤酒回客栈，在露台对着满天繁星干杯。

住宿

双廊最有特色的是它的客栈文化，双廊的客栈基本上都靠海，你可以找一间靠海的海景房，每天睡到自然醒，在楼下的书吧里看看书，拍照也是比较流行的。没事的时候，可以去岛上比较有特色的几家客栈转一转，只要不打扰其他客人，保持安静就好。

住宿地推荐

双廊半岛 63 号

半岛 63 号是真正的临海房，客栈的观景视野特别好，饭菜很可口，工作人员很亲切友好，是最适合发呆的地方。

大理市双廊镇大建旁村 63 号

13320553949

沧海一粟客栈

客栈位于洱海自然风光之最的双廊，与大理古城和苍山隔海相望。客栈最多接待 20 人，设有标准间 5 间及普通四人间、两人间等，所有房间可观苍山洱海，并提供海景书吧、观海凉棚及平台、无线上网、自助洗衣、单车出租以及飞行棋、毽子、飞镖、小沙池等。

大理市双廊镇 279 号

13099854492

云七毗舍客栈

云七毗舍客栈是一个由建筑师打造并运营的精品特色客栈——这不是你一直想要的地方吗？只闻花香，不谈悲喜，喝茶读书，不争朝夕。阳光暖一点，日子慢一些，再慢一些……

大理市 双廊镇玉玑岛路口

0872-2461277

交通

飞机

到达大理的首选交通方式为飞机，方便快捷。大理白族自治州荒草坝机场位于凤仪镇和海东乡交界处，距离大理市区约 12 千米。目前开通有广州、北京、上海、重庆、成都、深圳、昆明、西双版纳、郑州、长沙等航线。

机场→大理古城

大理机场有机场大巴往返于机场和市区间，每天两班，第一班 7:00 发车，第二班 11:00 发车。逢周三、周五、周日加发一班车，9:00 发车。市区发车地点位于苍山饭店。另外，机场内有出租车可到大理市区（下关）、大理古城。到市区费用为 50 元，至大理古城约为 90 元。

火车

大理火车站位于大理市新城东边的云岭大道，地处下关城区开发区高原明珠广场南端。大理目前已经开通了昆明、广州、柳州、衡阳东等城市的高铁。同时大理向北可以直接乘坐火车到达丽江，大约 2 小时 50 分钟，交通十分便捷。

火车站→大理古城

从大理火车站可以乘坐三塔专线、8 路、古城 c2 路等公交车抵达大理古城。

经典线路

丽江三日游

丽江是一个纳西文化和汉族文化的综合体。丽江除了颇具特色的小桥流水的别样风情外，还有很多著名的特色景点，如：黑龙潭、拉市海、玉龙雪山等。

第3天 黑龙潭公园→丽江木府→丽江古城

丽江总是热情的，古朴的，惬意的，始终带着慵懒的姿态接待有不同故事的人。先游览依山傍水的黑龙潭公园，然后追寻着历史的脚步，参观丽江木府，实地感受当年的木府风云，傍晚在丽江古城，感受一如既往的慢生活。

14:00~14:30
↓
在路上
午饭过后可以直接从古城沿民主路步行至黑龙潭公园。

14:30~16:30
↓
黑龙潭公园是玉龙雪山倒影的最佳拍摄地。

黑龙潭公园

丽江黑龙潭公园位于丽江古城北象山脚下，从丽江古城四方街沿经纬纵横的玉河溯流而上，约行1千米有一处晶莹清澈的泉潭，泉水从山麓岩石间涌出，汇集成广约四万平方米深潭，水碧如玉，又称玉泉。四周山清水秀，柳暗花明。依山傍水造型优美的古建筑点缀其间。其流光溢彩，常引人驻足流连。

黑龙潭公园位于丽江古城北端象山脚下，从丽江古城沿民主路步行即可到达，最佳游玩季节是5~11月，夏看山花烂漫，秋享天高云淡。

五凤楼高 20 米，为三叠八角飞檐楼阁，从各个角度看，都见五个飞角，就像五只彩凤展翅来仪，故名五凤楼。此楼融会了汉、藏、纳西各民族的建筑艺术风格，是纳西古代建筑中的佼佼者，属省级重点文物保护单位。

东巴文化博物馆是云南省第一个县级博物馆。馆内展出反映各个时期纳西族生产力水平的民俗文物资料，是世界文化遗产丽江古城对外开放的重要窗口之一，同时也是游客了解丽江民族文化的最佳去处。

象山之下的黑龙潭可以说是丽江市内自然环境最美的地方之一，潭水明净清澈，亭台楼榭，处处风景。戏台上演著名的纳西古乐，水边还有雕刻彩玉的商铺，廊子中还有纳西扎染，山上还有纳西文化研究院，不光风景绝美，民族风情更是浓郁。

丽江这个城市是慵懒而悠闲的，这种生活节奏注定了它的饮食习惯也是散漫而不拘一格的。丽江没有享誉海内外的名菜名点，然而它的小吃文化绝不输于美食之都的广州、成都。

丽江粑粑（光义巷店）

到了丽江怎么能不尝一尝丽江粑粑呢？做好的粑粑，一张张整齐地码放着，不仅好吃，还便宜。

位于古城里光义巷店的丽江粑粑可以说是人气最高的一家店了。人均 25 元。

丽江88号小吃店主营纳西当地小吃，好吃不贵。纳西炒饭、纳西米粉、炒饵块都很受欢迎，纳西风味和藏式完全不同。鸡豆凉粉偏酸辣，适应的人觉得很好吃。店里经常人满为患。

丽江88号小吃店位于古城区五一街兴仁上段，人均50元。

7:30~8:30
↓
起床收拾行李

8:30~12:00
↓
在路上
从大理乘车前往丽江，行程约三个小时。

12:00~13:00
丽江古城：从车站乘车到丽江古城，找到住宿，感受一下古城氛围。

13:00~14:00
↓
午餐
品尝丽江特色美食。

丽江古城

丽江古城以“家家临溪，户户垂柳”而闻名于世，被誉为“东方威尼斯”、“高原姑苏”。古城民俗风情独放异彩，博大精深的东巴文化和纳西古乐等更是世界文化史上的奇葩。

丽江古城位于丽江市丽江坝中部，古城全天开放。

↓

16:30~17:00

↓

在路上

从黑龙潭公园步行走到丽江古城。

17:00~20:30

↓

回到丽江古城，先游览木府，领略当年丽江木氏土司衙门的辉煌，之后在古城里逛街吃饭泡吧交朋友，晚饭后还可以到四方街看纳西老太太跳圆圈舞。

木府是一座仿紫禁城纳西宫廷式建筑，位于丽江古城狮子山下，是丽江古城文化之“大观园”。它反映了明代中原建筑的风采气质，同时保留了唐宋中原建筑古朴粗犷的风流余韵，其坐西向东，府内玉沟纵横，有活水流长的布局，又可见白族和纳西族“三坊一照壁”传统的民族建筑特色。丽江旅游有一句话：“不到木府，等于不到丽江”。木府还是大型古装电视剧《木府风云》的拍摄地。

丽江古城公众号

丽江大研古镇的慢生活确实需要时间来好好体会，游古城不用太多目的性，也不用拿着地图左转右转。随心所欲，随性而定，走到哪都是风景。逛累了可以悠闲地坐在酒吧临水或临街的靠椅上，听着音乐，静静地晒着太阳，放下所有烦恼。

四方街位于丽江市古城区，是丽江古城中心，广场的形状很像方形的知府大印，由土司取名四方街，取“权镇四方”之意。也有人说是因为这里的道路通向四面八方，是四面八方的人流、物流集散地，所以叫四方街。四方街以彩石铺地，清水洗街，日中为市，薄暮涤场的独特街景而闻名遐迩。

游玩了一天之后，带着难掩的兴奋与疲惫，找一家特色的大理餐馆，好好品尝一下当地的特色美食，感受老城餐馆内的那种厚重与淳朴，享受美味的同时又能短暂地歇歇脚，放松一下身心，十分不错。

唠叨坊私房菜小店之所以叫唠叨坊，是因为掌柜是个“唠叨妈”，一个人担了接待、做饭、收拾的大小事务，还能腾出嘴与食客们闲聊。端出的菜肴果然透着“私房”的味道，黄焖鸡特别嫩，衬着姜和辣椒，很下饭；野山菌就是一盘蘑菇开会，品种多，非常可口。

唠叨私房菜位于古城区五一街大石桥布农铃旁，餐馆人均 50 元。

泡吧在丽江是以一种文化的形式存在的，丽江酒吧和丽江本身一样，夜间沉醉，白天质朴，没有刻意打造风格，却恰恰因随意而备受喜爱。丽江古城新华街大石桥右侧就是闻名中外的丽江酒吧一条街。

到丽江旅游，这是不可缺少的。各式音乐如山间云雾般缓缓地从各个酒吧中飘出来，把你包裹其中，轻柔地环绕，牵动你心灵深处的那一份宁静与纯真，放空自己消磨时光。

小巴黎酒吧的内饰在古城当中是别具一格的。被丽江古城浓郁的生活气息、独特的民族文化以及遍布古城的清流深深吸引着，因为想在丽江生活便经营起了这个酒吧。

在一个老旧的房子里安静的喝着咖啡，这是田德能给游客的不一样的体验。店铺门面很小，只有窄窄的一扇门，但是走进里小院便别有洞天。这里的铁壶一号咖啡，是用铁壶煮起来的咖啡。一杯无糖无奶的醇香咖啡，配上一块酥软的华夫饼，在这里将拥有一个惬意的下午。

田德能咖啡馆位于丽江市束河古镇老四方街，咖啡店的营业时间为14:00~16:00。

丽江住行

到过丽江的人都知道，这里有着小桥流水人家，有着各式各样的住宿场所，酒店、客栈、青年旅舍以及包月长租房应有尽有。当然了，这其中还是以丽江客栈最为有名，客栈就是丽江的灵魂，有丽江的特色也有丽江的故事。古城里的客栈上千家，价格也从 100~3000 元不等。

住宿地推荐

丽江古城心花路放客栈

丽江古城心花路放客栈离古城南门距离可能不到五十米，出门坐公交、打车都非常方便，离南门停车场很近，也不用推着行李箱在古城石头路上走太久；房间虽然是木质结构，但设计得好，一点都不吵，很安静。

丽江市古城区七一街八一下段巴河中路 9 号，近大研古城南门

0888-888848

大业堂私人尚品客栈

丽江大业堂客栈位于大研古城东部，客栈由纳西本土资深设计师精心设计打造，院落及房间按照三房一照壁的纳西风格而建。院落宽敞明亮，花木四季常青，是丽江纳西文化、中国古建筑、现代设计和谐的交融，并赋予独特的生活方式的特色高端客栈。

丽江市古城区义尚街文明巷 25 号

0888-5803322

锦时客栈

锦时客栈是坐落于丽江古城内精品酒店。环境古朴醇厚，幽韵典雅，交通便捷。客栈内有淡雅别致的观景餐厅，为客人提供美味食物和下午茶，餐厅可观古城全景，眺望着玉龙雪山。

丽江古城区大研古城

0888-5561188

交通

飞机

丽江三义国际机场位于丽江市古城区七河乡，丽江机场已开通丽江至昆明、西双版纳、北京、上海、广州、成都、深圳、贵阳、杭州、西安等航线。

机场→丽江古城

从机场乘坐机场大巴到民航蓝天宾馆下或者是直接乘坐 27 路公交车在南门街站下，都可以到达古城。

火车

丽江站位于玉龙县城南口片区上吉村，距丽江城区约 10 千米。大理到丽江的火车大约两个小时的车程，硬座 34 元。

火车站→丽江古城

从丽江站可以乘坐 4 路、16 路、18 路、28 路公交到达丽江古城区。也可以直接乘坐出租车直达丽江古城，出租车起步价 7 元。

第4天 玉龙雪山→束河古镇

第二天一早坐车从丽江古城前往玉龙雪山，乘坐大索道上山，之后游览冰川公园、蓝月谷和甘海子。下午乘车到束河古镇，感受更为古朴纯粹的纳西风情，束河有很多原创的手工皮具作坊，可以在这里购买手工的皮包。

7:00~8:00
↓
在路上
早起，从丽江古城租车或者在乘坐丽江大巴到达玉龙雪山。

8:00~12:30
↓
乘坐大索道上山，在海拔 4506 米的高度，感受大自然的变化，气象的神奇。

玉龙雪山

玉龙雪山是纳西族及丽江各民族心目中一座神圣的山，纳西族的保护神“三朵”就是玉龙雪山的化身。玉龙雪山以险、奇、美、秀著称，其气势磅礴，造型玲珑秀丽。随着节令和气候的变化，有时云蒸霞蔚，玉龙雪山时隐时现，有时碧空万里无云，群峰晶莹耀眼。

玉龙雪山公众号

大玉龙景区通票 230 元，玉龙雪山门票 130 元；单个景点门票：玉水寨 50 元，冰川公园 172 元，东巴王国 35 元，玉柱擎天 25 元，玉峰寺 45 元，白沙壁画 30 元。

冰川公园

玉龙雪山是欧亚大陆纬度最低的一座有现代冰川分布的雪山，在它的东麓有一个面积不大但类型十分齐全多样的现代冰川和古冰川遗迹，这在我国是十分罕见的。玉龙雪山冰川公园的风景以冰川为主，这里冰川类型齐全，面积广阔，是一处名副其实的万年冰雪世界。

蓝月谷

蓝月谷，其前身为早前人们所熟知的白水河。蓝月谷又名白水河，在晴天时，水的颜色是乳白色的，阴雨天是天蓝色，而且山谷呈月牙形，远看就像一轮蓝色的月亮镶嵌在玉龙雪山脚下，所以名叫蓝月谷。

甘海子

甘海子是仰视玉龙雪山全貌最近的，也是最佳的地方。在这里你可看到玉龙雪山的十三个高峰由北向南依次排开。巍峨壮观，银星闪烁，尤其是主峰扇子陡，像一把打开的扇子，切入云天，气势磅礴。

玉龙雪山位于丽江市北15千米处，可以直接从丽江古城包车前往，也可以在红太阳广场乘坐公交车前往。玉龙雪山开放时间：7:00~18:00。

去丽江，必去玉龙雪山。雪山的风景和磅礴的气势是无法用语言形容的，上雪山后，看到的并非是想象中的很多雪，而是成片的绿植，犹如原始森林一般；雪山下边是蓝水湖，那一汪蓝色，真的美得令人窒息。

玩了一个上午，欣赏了许多美景，在景区附近找一家餐厅，喝点酥油茶，吃点牦牛肉。这样的大好时光，美景和美食都不能辜负。

藏族人家特色美食店

店里的牦牛肉非常正宗，从雪山下来到这里吃饭是个很不错的选择。除了牦牛肉外，店里的臭豆腐小吃也非常的美味，蘸上辣酱也十分下饭。

藏族人家特色美食店位于玉龙雪山牦牛坪景区内，人均50元。

雪厨位于玉龙雪山景区甘海子附近，是雪山上唯一一家大型自助餐厅、菜品众多、干净卫生可放心选用。餐厅也是一个集休闲、娱乐为一体的综合旅游服务中心。餐厅人均50元。

16:00~16:30
↓
在路上
从玉龙雪山乘坐公交车或者直接驾车前往束河古镇。

16:30~20:30
↓
到达束河古镇后，安排好住宿后先吃饭，傍晚在古镇中走一走，可以购买手工制作的耗牛皮包袋。

束河古镇

束河被称为清泉之乡，是纳西先民在丽江坝子中最早的聚居地之一，也是茶马古道上保存完好的重要集镇。束河古镇依山傍水，房舍错落有致，是世界文化遗产丽江古城的重要组成部分，于 2005 年入选 CCTV “中国魅力名镇”。

束河古镇公众号

束河古镇位于束河路，丽江新城有去束河古镇的班车，票价 2 元，也可以在百信商场对面乘坐 6 路、11 路或 5 路公交车，到达束河古镇。

古镇里面到处都有水流，清澈干净，当地人卖水果的，都是在水边摆着，拿到水里一洗，水灵灵亮晶晶的，诱人得不行；酸奶饮料拿到水里一凉，冰凉爽口！在古镇里面闲逛，永远都不知道还会冒出来哪条没有去过的小巷子，总是会惊喜，很开心。

青龙桥

青龙桥建于明朝万历年间，距今已有400多年历史。全部由石块垒砌，为丽江古石桥之最。青龙桥的桥面经过数百年风雨的洗刷，变得斑驳苍老，却不失英雄气势和庄严厚重感。站在这里，你也许能听见马蹄的声音在回响。

四方听音

束河的四方街分为新四方和老四方，新四方就是束河八景之一的四方听音。无论何时，只要走到四方听音的广场上，就可看到舞台上一个女孩喊着节奏，比划着示范动作，带领围在广场上的游客一起打跳。四方听音是束河的一个重要标志，通常丽江的一些重要的活动都会在这里举行，如著名的雪山音乐节、纳西的三多节庆典等，都在此处开始。

束河位于玉龙雪山南麓，美食自然不缺。农家火腿和米灌肠都是很好的选择。临水而坐，叫一点美食，呷一口土酒，旅游时，美食和美景最配。

粗茶淡饭

餐厅所处的位置非常不错，距离老四方街不到20米，从老四方街既可以去飞花触水酒吧街，也可以过青龙桥往九鼎龙潭走，沿着中和路一路往北则可以到达白沙镇。而且中和路上也有不少住宿，假如就住在附近，来这里吃饭会是比较方便的选择。

阳光饭店人均70元。

束河阳光饭店

束河阳光饭馆，位于丽江市束河古镇仁里路，靠近青龙桥、四方街、哈里谷景点。饭馆装修很有情调，小窗垂帘，小桥溪水，环境舒适，就餐发呆，聚会小资都适合。

束河古镇住行

太阳渐渐落下，夜幕降临，乘着夜色逛一逛晚上的束河，可以到酒吧里听听音乐，也可以在桥上看看星空。在这种慢节奏里，心也渐渐变得宁静。

住宿

束河古镇里的客栈，基本都沿袭了纳西族传统的建筑风格，有浓郁的民族风情，不少客栈更是引入水景，别具一格。要想感受当地纳西族人的生活，首选一定是在古城。

住宿地推荐

丽江束河阳光三地客栈

丽江束河阳光三地客栈位于束河古镇仁里村，近三圣宫、聚宝山、九鼎龙潭，景区内安宁古朴，让人忘却工作压力、城市烦扰，静心下来享受古镇慢生活。客栈还设有阳光小吧、书吧、沙发吧，既能体会杯光美酒的惬意，又能安静享受私人时光。

丽江市古城束河古镇仁里一社 44 号

18687991833

德合丰客栈

“雪山脚下，偶遇马帮”，在这座小院里，无论是建筑风格，墙纸，手工艺品等等，随处可见马帮元素。远离都市的喧嚣，小溪流水，安静的藏于丽江束河古镇之中，贯穿的马帮精神，让您一到束河古镇就有马车体验之旅。

丽江市松云村一组 54 号

13266661226

背包十年青年旅舍

青旅中的顶级配置版本，小型公园的面积，青年旅舍的氛围，天台可以直望玉龙雪山，在这里，哪怕足不出户，也能感受一个独特的世界。

丽江市束河古镇东康村

0888-5119161

第5天 拉市海→虎跳峡

拉市海和虎跳峡是丽江不可不去的两个景点，一个秀美，一个壮丽。在丽江的最后一天，去拉市海泛舟划船，虎跳峡徒步成了不二之选。

8:00~8:30

↓

在路上

从束河古镇包车前往拉市海，大约 20 分钟。

8:30~12:30

拉市海：到达拉市海，首先可坐矮脚马翻山越岭，走一走茶马古道，之后可以乘船畅游拉市海，体验拉市海浓淡相宜的美景。

游丽江几乎必去的一个景点，一般连着茶马古道一起游玩。泛舟碧蓝的湖水之上，水面有成群的水鸟飞舞，清澈的湖底长满了茂密的水草，生机盎然。

拉市海

拉市海位于丽江城西 10 千米处，是丽江境内最大的高原湖泊，也是云南省第一个以“湿地”命名的自然保护区。“拉市”为古纳西语译名，“拉”为荒坝，“市”为新，意为新的荒坝。每年都会有 3 万只左右的水鸟来此越冬。这里山水相映，碧翠环抱，景色十分优美。

拉海市位于城西 10 千米的拉市坝中部，可以直接从古镇中租车前往，开放时间：8:00~19:00。

指云寺

指云寺位于丽江古城西18千米拉市坝西部山麓，建于清雍正五年（1727年），为丽江五大寺之一。青山林木郁郁葱葱，寺前一湖碧水，波光粼粼。

拉市海出产一种小鱼，可以在湖边的鱼庄内品尝到。划船游湖时，有时会遇到划船卖烤鱼的老伯，鱼是现烤，味道很好。部分骑马线路包含着马帮菜，虽然味道一般，但是也能体验到当年丝绸之路上马帮人的生活。

12:30~13:30
↓
拉市海的美食主要以鱼为主，在这里可以品尝一下烤鱼。

13:30~14:30
↓
在路上
从拉市海包车前往虎跳峡。

14:30~17:30
虎跳峡：到虎跳峡栈道徒步。丽江虎跳峡景区的栈道非常平整，走起来也很轻松，更适合休闲游玩。

虎跳峡

虎跳峡分上中下三段，以奇、险、雄、壮著称于世，是世界上著名的大峡谷。虎跳峡距离丽江市区80千米，这条峡谷在金沙江上游，全长17千米，分上虎跳、中虎跳、下虎跳三段，迂回道路25千米，东面为玉龙雪山，西面为香格里拉的哈巴雪山，峡谷垂直高差3900多米，是世界上最深的峡谷之一。

虎跳峡公众号

虎跳峡位于云南香格里拉市虎跳峡镇境内，从丽江古镇可以直接乘坐班车到达虎跳峡，也可以直接包车前往。

奔腾的江水，汹涌澎湃，中间被一块巨石挡住，撞击着发出老虎般的吼叫声，震耳欲聋。江水冲刷着岸边的岩石，多年的冲击呈现出美丽的石纹和造型。只见得林立的礁石遍布河滩，尖状如犬牙交错，在偶然间又忽然出现惊人的飞瀑，震耳欲聋，那是一种摄人心魄的美。

上虎跳

上虎跳是峡谷中最窄的一段，离公路边的虎跳峡镇 9 千米，其江心雄踞一块巨石，横卧中流，如一道跌瀑高坎陡立眼前，把激流一分为二，惊涛震天。传说曾有一猛虎借江心这块巨石，从玉龙雪山一侧，一跃跳到哈巴雪山，故此石取名虎跳石。

中虎跳

中虎跳峡是云南省虎跳峡中的一段，离上虎跳 5 千米，江面落差甚大。宽阔浩荡的江水，遇到危崖的挤压与阻拦，似乎变得怒不可遏。阳光照射进峡谷，在十几米宽的峡口水面上泛着波光，东面的峡谷下面江水因落差翻着白浪，峡谷上面光照的峭壁、蓝天白云，景色美不胜收，令人惊叹。

17:30~18:30
↓
忙碌了一天，大餐是少不了的，虎跳峡的餐馆可以满足这一愿望。

经历了一天的骑马划船和徒步，急需要吃一顿饱饱的大餐，虎跳峡的客栈里一般都有餐食提供，可以在客栈与其他旅友拼餐，价格便宜，味道也不差，性价比较高。

经典线路

香格里拉两日游

香格里拉地处青藏高原东南边缘、横断山脉南段北端，“三江并流”之腹地，历史文化悠久，自然风光绚丽，有着集独特的融雪山、峡谷、草原、高山湖泊、原始森林和民族风情为一体的自然人文景观。

第6天 松赞林寺→独克宗古城

春末夏初和秋季来香格里拉旅游为最佳。夏初的盎然绿意，与秋天的色彩斑斓，加上巍峨的雪山，澄明的湖水，在蓝的不含一丝杂质的天空下，绝对会让你有宛若仙境般的旅行体验。第一天上午乘车从丽江前往香格里拉，下午前往松赞林寺祈福，晚上逛逛独克宗古城。

香格里拉主要是藏族居住区，所以既可以吃到有地方特色的云南小吃，又可以品尝有民族特色的藏族小吃。比较有名的有青稞酒、酥油茶、酸奶、琵琶肉等。

7:00~12:00
↓
在路上
乘坐大巴车从虎跳峡至香格里拉。

12:00~14:30
↓
从客栈回到独克宗古城用午餐以及安排好住宿。

银同便民小吃

是一家当地老字号特色小吃店，小店便宜美味，有很多旅客慕名前来品尝。他家主打是牦牛肉火锅，可以点些其他的烫菜，老板娘很热情。强烈推荐她家的青稞饼和酥油茶。

人均60元。

14:30~15:00

↓

在路上

在独克宗古城乘坐公交车或者驾车，都可以到达松赞林寺。

15:00~17:30

松赞林寺：游览有小布达拉宫之称的松赞林寺，观赏寺内历代珍品。

古道风味东西好吃，又不贵，而且最主要老板娘人超好，吃饭聊天都很开心。店里大小女儿都很可爱，大女儿特别懂事，小女儿很可爱，孩子们都很纯朴。

独克宗古城依若木廊 29 号，人均 50 元。

参观佛寺是要按顺时针行进，不要用手指对佛像指指点点，未经许可不得进入活佛的房间。

松赞林寺位于香格里拉市城以北 5 千米的佛屏山下。乘坐 6 路和 3 路公交车或者是中巴车可以到达松赞林寺。开放时间：8:00~18:00。

松赞林寺

松赞林寺是云南省规模最大的藏传佛教寺院，也是香格里拉地区有名的大寺院之一，还是川滇一带的藏传佛教格鲁派中心，在整个藏民居住区都有着举足轻重的地位，被誉为“小布达拉宫”。该寺依山而建，外形犹如一座古堡，集藏族造型艺术之大成，又有“藏族艺术博物馆”之称。

乍看之下，觉得很是一般，没有想象中的宏伟，可是后来进去参观了一番后，联想着当地藏人的信仰，和它深处的浓厚历史和文化，再看它，便觉得是寂静不言语，却又庄严肃穆。松赞林寺安安静静地立在那里，而你却觉得它似乎浮在大地之上。

17:30~18:00
↓
在路上
从松赞林寺乘车前往独克宗古城。

18:00~20:30
独克宗古城：傍晚回到独克宗古城吃饭，欣赏月光下的石头城。

独克宗古城很小，轻轻一走便走完了他的全部。虽说很多建筑都在修建，但是这一点都不妨碍我去欣赏这座月光之城。独自一人穿越在古城，从凹凸不平的石板路走到平坦，从装潢精致个性的客栈，走到房顶长满荒草的院落，走在这样寂寥的巷子里心无杂念，静如止水。

独克宗古城

独克宗古城依山势而建，它是按照佛经中的香巴拉理想国建成的，有“建在石头上的城堡”和“月光城”两层含义。古城的路面起伏不平，由一些岁月久远的旧石头就着自然地势铺就而成。至今，石板路上还留着深深的马蹄印，那是当年的马帮给时间留下的信物。

遗憾的是 2014 年 1 月 11 日，一场突如其来的大火侵袭了古城，导致古城严重被毁，目前古城已恢复重建重新对外开放。

独克宗古城位于香格里拉东南方向，古城全天开放。

第7天 普达措国家公园

第二天去香格里拉普达措国家公园，普达措国家公园是一个无污染的童话世界。置身在这样纯粹的美景中，心好像也变得宁静而安定了。

7:30~8:00
↓
在路上
早起从独克宗古城乘车到达普达措国家公园。

8:00~12:00
普达措国家公园：由于普达措国家公园面积较大，建议乘坐观光车游览普达措国家公园，还可以在碧塔海游船环湖游览。

普达措国家公园

普达措国家公园为世界自然遗产三江并流风景区的重要组成部分，也是拉姆撒国际湿地的重要组成部分，由碧塔海与属都湖两个生态旅游区组成。普达措是摄影爱好者的天堂，一年四季景色各不相同。春天有百花盛开的高山草甸，夏天是满山碧绿的美景，秋天有色彩斑斓的层层密林，冬天可欣赏一片雪白下的碧蓝湖波。

普达措公众号

它是我认为在云南十五天旅行中所到过的最漂亮的地方。在淡季旅行最好的好处就是去哪里都人少，或者说是几乎没人。普达措公园也一样，我们在第一站下车的时候可谓是方圆十里空无一人，只有蓝天白云荒野湖泊，心情真是大好。

普达措国家公园位于迪庆藏族自治州香格里拉市城东霞给村。在香格里拉客运站可以乘坐班车到达普达措，也可以打车到达。开放时间9:00~16:00。

属都湖

属都湖位于香格里拉城东北部35千米处，是香格里拉较大的湖泊之一。景区内景观丰富，有明镜般的高山湖泊、水草丰美的牧场、百花盛开的湿地、飞禽走兽出没的原始森林。湖光山色、草地、鲜花、森林、湖泊，映在一起成为一幅优美的风景画。

碧塔海

碧塔海被黛色的群山环抱，像一颗镶嵌在群山中的绿宝石。湖周围杜鹃花绚丽灿烂，湖畔鸟语花香，鱼儿游弋于浅滩岸边。游玩碧塔海最好走30分钟的栈道然后去坐船，坐船主要是去看湖中的小岛，这里是整个景区最漂亮的地方。

碧海塔被誉为高原上的明珠，美的朦胧悠远，在广阔的草甸上，成群的牛羊徜徉在绿油油的草甸上，湖光和草甸交相辉映。

洛茸村

洛茸村的藏语意思是“好地方”，这是一个世外桃源般的藏族村落，全村只有33户人家，156人，村庄从西南向东北延伸，一直到被森林植被覆盖的山脚。藏房、田地、牛羊组合成了一派和谐的田园风光。在那里除了可以寻访到传统的藏式建筑，还可以感受到浓郁的藏族风情。

洛茸村是一个避世的存在，洛茸村和迪庆众多普通村寨一样，村民以放牧农耕为生。

交通

飞机

香格里拉机场占地 1.7 平方千米，机场距香格里拉城区 5 千米，飞行区等级为 4D。机场已开通香格里拉至昆明、西双版纳、深圳、贵阳、拉萨、重庆、北京、广州等航班。

机场→独克宗古城

机场内有出租车可直达独克宗古城，全程约 6 千米，15 分钟左右即可到达。

汽车

香格里拉汽车客运站位于香格里拉市香巴拉大道，有通往省内主要城市及迪庆藏族自治州其他地区的班车。

汽车站→独克宗古城

从香格里拉长途站乘车至古城只需要 5 分钟，县城内乘坐 1 路、3 路、6 路公交车也可到达古城。

经典线路

如果多待两天

来到丽江，如果时间充裕的话，泸沽湖是一定要去看一下。

推荐 多待两天去泸沽湖

泸沽湖素有“高原明珠”之称，是一个未被污染的处女湖。摩梭人世代生活在泸沽湖畔，至今仍保留着“男不婚，女不嫁，结合自愿，离散自由”的母系氏族婚姻制度。在这里，一切都是那么神奇，那么古朴，无论是成丁礼、母系家庭、丧葬都是绝无仅有的。每个礼仪，每种风俗，都是一个优美动人的故事，一支悠扬动听的牧歌。

怎么去泸沽湖

前往泸沽湖的交通还是比较便利，以下提供了几种去往泸沽湖的方案。

1、在丽江客运站坐大巴客车，先到宁蒗县城，到县城后乘坐小面包车（约 30 元 / 人）可前往泸沽湖。

2、丽江古城口玉河广场停车场每天早上有发往泸沽湖的旅游专线车，可抵达大落水村和里格岛。

3、丽江高快客运站每天有两班车发往泸沽湖大落水村。

4、丽江新客站每天有两班车发往泸沽湖大落水村。

从丽江市区到泸沽湖可以自己租车，一般淡季为 350~550 元，旺季为 550~800 元。

第1天 大落水村→里格村

从丽江到泸沽湖有很多条乘车线路，路程约6小时左右。下午逛一逛泸沽湖最大最主要的村落——落水村。傍晚到里格村，划船喂鸟，欣赏湖景；晚上参加摩梭人的篝火晚会，听听歌跳跳舞，和认识的、不认识的人一起狂欢。

泸沽湖的居民大多是摩梭人，以民族传统美食为主，民族特色与地理环境相结合的美食文化可以让你终身难忘。品尝特色美食，感受独特的文化气息，是泸沽湖的美妙体验之一。泸沽湖旅游区用餐集中在泸沽湖畔的落水村，而落水村离泸沽湖汽车站非常近，中午在落水村品尝美食是最好的选择。

好人小吃

坐落在泸沽湖赵家湾子旁的好人小吃，是当地比较火的餐馆。店里常年只有3个菜，旁边有一个招牌上写着：松茸炖鸡+清汤鱼+素菜30元。菜的分量很足，材料新鲜，在这里吃饭不用担心吃什么，只需要在位子上等待就可以了。人均30元。

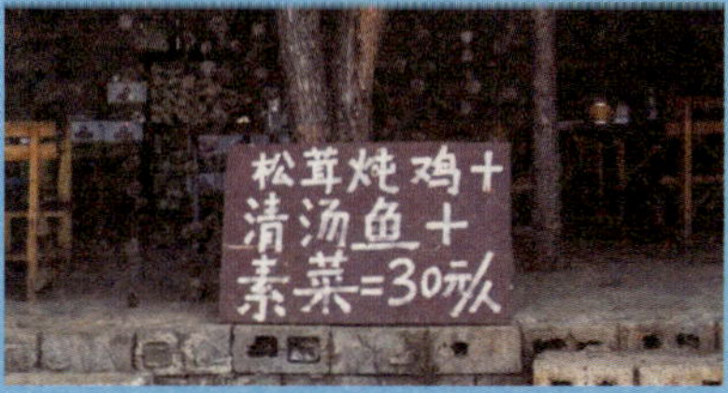

馋嘴馆

味道很不错，饵块鸡和烤鱼特别好吃，服务态度很好，上菜速度也很快。

馋嘴馆位于泸沽湖大落水村停车场对面，人均45元。

8:00~12:00
↓
在路上
从丽江乘车前往泸沽湖

12:00~13:30
首先在泸沽湖寻找一下美食，好好休息一下。

13:30~17:30

大落水村：在这里可以品尝一下美食，划船、喂鸟、参观摩梭人建筑屋群。

17:30~18:00
↓
在路上
乘坐泸沽湖小巴车到达里格村。

18:00~22:00
↓
傍晚时候找一家临湖餐馆，在美景中享受着晚餐，坐在湖边发呆。晚上参加摩梭人的篝火晚会。

大落水村

大落水村分为上落水和下落水，而无论上落水的老民居，还是下落水的新民居，它们都是住在摩梭人的木楞房。下落水村的湖边有条弯曲的砾石小路，路边的摩梭人都把自己家改造成为旅社。随小路一路排开的木楞房多为酒吧、百货店和土产店等设施。小路旁边有湖畔垂柳、木舟细浪，被冠以摩挲风情路的雅称。

泸沽湖公众号

大落水村毗邻泸沽湖，在丽江古城玉河广场有专线车前往大落水村和里格岛，往返160元，每天早上8:00发车。

很美的地方，天是蓝色的，倒映在湖面上都是一种纯净的蓝色。我们在这里划船了，水很清很清。摩梭族的人很热情，很朴实。

17:30~18:00

↓

在路上

乘坐泸沽湖小巴车到达里格村。

18:00~22:00

傍晚时候找一家临湖餐馆，在美景中享受着晚餐，坐在湖边发呆。晚上参加摩梭人的篝火晚会。

里格村

里格村位于宁蒗彝族自治县永宁乡，是泸沽湖边20来个傍湖村落中的一个。村子坐落于格姆女神山下。房舍分布在湖湾和半岛上。独特的地理位置使得里格有着与别的村落不一样的湖光山色，小小的里格半岛更为游人所喜欢。里格岛风景秀丽，空气新鲜，居住在这里的十几户摩梭姑娘们不仅聪明能干，而且能歌善舞、善良美丽，有“水中女儿国”的美誉。

这是一座写满故事的小岛，在这里你能看到原生态居民的纯朴与善良。欣赏美丽的景色，品味当地原生态美味，享受这里带给你的零负担。我们来到这里就是为了追求贴近自然的美，逃离都市的喧闹。

里格村位于泸沽湖风景区内，泸沽湖有很多小巴车来往各个村落之间。

经历了一个白天的奔波和游玩，到了泸沽湖，一定要尝尝当地的猪膘肉、牛干巴、酥油茶、苏里玛酒。摩梭人家的烤鱼也很好吃，是用当地的一种特产叫巴鱼的小鱼做的。在湖边一边烧烤，一边感受湖光山色和祥和的村落，又是另一种惬意的享受。

拉姆烧烤

泸沽湖最多的就是特色烧烤了，里格沿湖都是烧烤店用的座位。拉姆家是人气比较旺的一家，老板热情好客，菜价格公道，分量足。推荐烤乳猪，皮脆肉鲜，满口飘香，回味无穷。烤茄子是带皮切开，里面放点酱料直接烤的，也很鲜香。人均70元。

里格岛扎西家摩梭特色美食

说到泸沽湖的名人，非杨二和扎西莫属。而真正常驻泸沽湖的，只有扎西。扎西家除了提供住宿，还有酒吧和餐馆。晚餐过后，扎西家二楼就是一个小酒吧，扎西和他的侄子们会给大家唱歌，场面非常欢乐。

来到泸沽湖，晚上是一定要参加摩梭人的篝火晚会的。第一阶段是摩梭人的表演；第二阶段就是互动环节，两个环节之间是照相时间，可以和你看上的摩梭男女合影，他们不会拒绝，而且是免费的；第三环节是对歌，摩梭人和游客团体对歌，从摩梭情歌到现在的流行歌曲他们都会唱。

住宿

里格村里面的客栈占了80%，可以说走一步就是一个客栈，客栈都比较新，比较完善，里格村位于湖的北侧，其半岛东西南三面环水，早晨时被晨雾所围绕，是看湖景不错的地方。

住宿地推荐

泸沽湖娜鲁湾客栈

泸沽湖娜鲁湾客栈位于泸沽湖里格半岛上，有别于其他歇脚的地方，它非常有特点，就是它分为餐区、室区以及阅读区，给宾客以全方位的照顾和享受。

宁蒗彝族自治县永宁里格村

18288896005

丽江泸沽湖里格半岛7号客栈

泸沽湖上的里格半岛，几乎四面环湖，石板路曲径通幽，全观景房，不可思议的临湖感受。这里距现实很远，离梦想很近，居者与鱼共眠，几乎置身湖上的梦境感受绝对让你仿佛身在世外，置身其中。

宁蒗彝族自治县永宁乡里格村里格半岛

18895991109

第2天 格姆女神山→尼赛村→情人滩

第二天一早从里格村去格姆女神山，在山上可以看到泸沽湖全景，中午到尼赛村品尝最为正宗的当地美食，看看摩梭人的特色美景，傍晚在情人滩上漫步等日落。

9:00~9:30

↓

在路上

从里格村到位于尼赛村的索道口，乘索道上格姆女神山。

9:30~12:00

↓

离开索道平台，还要往上登高徒步约二十分钟，经过女神庙，在往上就是观景平台。在观景平台上可以俯瞰整个泸沽湖全景。

格姆女神山

格姆女神山也叫狮子山，海拔3754.7米，是泸沽湖四周最高的山峰。狮子摩梭语称"格姆"，"格姆"意为白色女神，在摩梭人传说中是格姆女神的化身。狮子山山势雄伟壮观，倚天耸立。女神活在摩梭人心中，却也形象地存在于洞内，这一刻女神形象已经更深刻地铭刻在了每一个虔诚的脚步里。110元（索道票+滑道票）。

一到这里，就可以清楚地看见泸沽湖上卧着一座美丽的山峦，那就是格姆女神山。在这个风景如画的地方，我想应该有美丽的传说吧。

格姆女神洞

格姆女神洞位于狮子山脖子处，海拔 3450 米。洞口面向泸沽湖，站在洞口观景台上，从另一个方向上再次用广阔的视觉把泸沽湖框到心中。进入山洞，在幽暗的彩色灯光映照下，石钟乳显得光怪陆离。

上午在格姆女神山上游玩观景，下山之后到尼赛村的特色餐厅品尝美食，体味这个村落的宁静淳朴，以及最原汁原味的摩梭情调。

↓

12:00~13:00

从格姆女神山下山以后，可以在尼赛村品尝一下美食

13:00~16:30

尼赛村：尼赛村是一个摩梭人自然村落，村落不大，但是淳朴自然。

食光饱盒 · 私房餐厅

很不错有情调的小餐馆，左边泸沽湖，右边女神山。装修和其他餐厅完全不同，适合照相，吃的味道也不错。老板是个旅游和摄影达人，店里很多出去玩的照片，还有老板的火车模型。

私房餐馆位于泸沽湖风景区尼赛村情人树附近，人均花费 50 元。

女儿国阳光餐厅位于泸沽湖风景区湖的阳光餐厅，环境优美，整个餐厅十分宽敞。餐厅主打的蒸汽石锅鱼，与传统吃鱼方式不一样，鱼的味道十分鲜美。餐厅里还有当地特色的罗梭粑粑，都是不容错过的。人均 60 元。

↓

16:30~17:00

从尼赛村直接乘坐观光车到达情人滩。

17:00~19:00

情人滩：在情人滩漫步，傍晚时分在情人滩看日落，纵使无语也尽是温柔。

尼赛村

尼赛村是狮子山脚下的一个摩梭人自然村，村子很小，只有 14 户人家。尼赛村展现的是一幅悠然自得的美丽画卷。没有浓厚的商业气息，没有繁杂的客人。蓝蓝的湖面上风平浪静，湖岸边是一块厚厚的大草地，漫长的夏日把草地晒得暖洋洋的。

走到尼赛村的时候，阳光已经很充沛了，眼前的景色美得让人难以置信。一望无际的波斯菊，盛开在绿叶丛中，迎风摇曳，婀娜多姿，沿着湖风的风向轻轻的摇摆着自己的身躯。格桑、绿叶、木屋、小船，远方的白云、青山、碧水，人生在世，得此美景，不枉此行矣……

情人滩

情人滩有大片浅滩，湖水清澈可看见明黄的湖底，长长的栈桥伸到湖中，与垂柳相映成趣，风景中带了丝浪漫气息。洼垮湖湾的十里沙岸，杨柳依依，环境优美。

来到云南的情人滩，这个情人滩背后就是格姆女神山，右前方可见后龙山和里务比岛。

丽江古城

第二部分 昆明周边奇山异水一周游

WELCOME TO —— KUNMING

昆 明 东 寺 塔

亲历者介绍

Abby

一直都很向往云南，小时候听着“彩云之上，我心的方向”，就对云南十分着迷。可是距离太远，大学的时候和室友小小的筹划了一下，发现资金是一个问题，最后就不了了之。到了大四，我身边朋友都纷纷的扎堆考研。所选的城市不是上海就是浙江，再不济也是离家近一点的城市。但是我却毅然选择了云南。

来到了云南，我的学校不远处就是美丽的滇池，更加肯定了我以前的选择。这里二三月份的呈贡满眼黄色花田，三四月份海棠园繁花似锦，那么我呢最喜欢五六月份啦，因为玫瑰花园在这个时候是最美的。我喜欢这所学校，也喜欢这座城市，这里空气让人十分舒服。都说昆明四季如春，但是我觉得这里还是有冬天的，冷起来还是需要穿上棉袄的。云南的景点很多呢，我打算先将昆明玩遍，然后再去大理、去丽江……

昆明周边印象

花一样的浪漫情怀

自己养的花总会有花期，开花也不会太久，可这里的花似乎一年总是开着的。一年有四时，四时不同景，花朵慵懒地绽放在西南这块香气四溢的土地上，在这里仿佛只有阳光和春色才是永恒的。

一个“有温度”的城市

由于地处低纬高原而形成“四季如春”的气候，加上湖泊滇池在调节着温湿度，这里空气清新、天高云淡、阳光明媚。走在绿草如茵，鲜花盛开的街头，很容易就被这里的闲适安然所感染。

旅游心得

1 昆明的“普罗旺斯”
2 昆明东寺塔
3 昆明石林风景区

鬼斧神工的地形地貌

云南有着喀斯特地貌，其中以石林最为典型，被称为“世界喀斯特的精华”，拥有世界上喀斯特地貌演化历史最久远、分布面积最广、形态独特的岩溶地貌群落，被誉为“天下第一奇观”。

如约而至的鸟群

1985 年一群白色的小天使从遥远的西伯利亚来到昆明，昆明市民便从家里带来吃的喂给它们。随后每年的冬天它们从不弃约年年都来到昆明的滇池和翠湖，每年冬天市民都来到此喂海鸥。

拥抱自然，拥抱花海

由于滇东地处北回归线之南，于是它也成为每一年中国内地油菜花最先绽放的地方。一朵朵成簇，一簇簇成枝，一支支花开，漫山遍野，郁郁葱葱。寻找新年的第一抹春色，就在油菜花最先绽放的地方。

独一无二的山水田园

云南丘北的普者黑，以水上田园、湖泊峰林、彝家水乡、岩溶湿地、荷花世界、候鸟天堂六大景观而著称，这里既有桂林山水孤峰、清流、幽洞、奇石的灵秀，又有江南水乡小桥、流水、人家的古朴神韵，还有杭州西湖波光潋滟的明丽，更有比山东荷花淀还要浩荡的万亩荷花。

4 昆明翠湖公园的鸟群 5 曲靖罗平花海 6 文山普者黑漂流

关注气候

昆明周边最佳旅游季节

在昆明，1~3 月可以看到一群群躲避北方寒风的红嘴鸥，万里迢迢地从遥远的西伯利亚贝加尔湖飞来，栖息在昆明城中的盘龙江、翠湖、滇池等水域。每年 6~9 月，是普者黑荷花绽放的时间，千亩荷花浮在水面，荷叶翠绿，花色多样，亭亭玉立，荡舟穿行其间，清香扑鼻，令人陶醉，如置身于诗画之中。

最佳季节的装备表

特殊必备品	必备原因
外套、长裤、运动鞋	云南东南部地区冬季偏冷，有一定量降雪，冬季去看红嘴鸥的游客要注意保暖。运动鞋对于爬山等项目有很大帮助
高倍数防晒霜、遮阳帽、雨伞	昆明等地紫外线很强，天气多变，雨伞和遮阳帽在昆明一年四季都能用，女性不要忘记带防晒霜

最佳季节的衣物表

云南东南部最佳季节衣物							
衣物种类	1月	2月	3月	6月	7月	8月	9月
棉制短袖	—	—	—	√	√	√	√
薄外套	—	—	√	√	√	√	√
牛仔裤	√	√	√	√	√	√	√
风衣	√	√	√	—	—	—	—
薄毛衣	√	√	√	—	—	—	—

昆明及周边玩点

昆明地处于云贵高原中部，气候宜人，享有着“春城”之称。昆明是一个多民族聚集的城市，在长期的生活中，即相互影响，又保留着各自的民俗传统，形成独特风味的美食和绚丽多彩的服饰。昆明的滇池是全国六大淡水湖泊之一，沿湖两岸风光旖旎，同时调节着昆明的温湿度，使这里空气清新、阳光明媚、鲜花常开。

玩点速览

西山（见 P81）
茂林修竹掩映古刹殿宇

云南民族村（见 P83）
云南民族风景缩影

金马碧鸡坊（见 P84）
昆明的象征

金殿（见 P87）
中国现存最大的纯铜铸殿

世博园（见 P88）
园艺品大观园

石林风景区（见 P90）
世界自然遗产风光

九乡风景区（见 P95）
人文与自然景观为一体综合型景区

九龙瀑布群（见 P97）
中国最美的六大瀑布之一

罗平花海（见 P100）
一幅世外桃源胜景

普者黑风景区（见 P102）
水上田园，荷花世界，候鸟天堂

昆明两日行程

无论从哪个角度看昆明，一定是春光明媚，天空高远洁净。太阳肆意地迸发着耀眼的光，迎着这座城市里的每一个人，漫步者会发现它遍地鲜花，无处不是景。多民族融合在这里，有各色的风土人情，也有各色的美食。昆明有着遍地的故事，陌上花开，携一抹余香，在这座充满生活气息的城里走走停停，多一刻逗留，多一分感受。

第1天 西山森林公园→云南民族村→金马碧鸡坊

一早乘车前往西山，在西山俯瞰滇池；随后到达云南民族村，实地感受各个民族的建筑特色以及生活习俗；而后前往昆明地标性建筑——金马碧鸡坊，到南屏街吃晚餐。

7:30~8:00
↓
在路上
乘坐昆明地铁3号线到达西山森林公园。

8:00~11:30
西山森林公园：可以徒步上山，沿途可以观赏不同的景点，在山上可以看到昆明全景，然后乘索道前往云南民族村。

西山

西山坐落在滇池的西岸，元代为“滇南八景”之首姿。西山山脉连绵，由碧鸡山、华亭山、太华山、罗汉山、挂榜山等山峰组成，森林茂密，花草繁盛，清幽秀美，景致极佳。西山为文物古迹、名胜风光、森林兼备的风景名胜区。

龙门

龙门指的是从三清阁到达天阁的一段石雕工程，石雕是由人工沿悬崖绝壁凿成的。龙门室内的雕刻结构布局优美，刻工精细，巧夺天工。三清阁是龙门的起点，建在悬崖峭壁间，景致颇为壮观。

门票 40 元，开放时间为 8:00~18:30。西山在昆明名气很大，有“到昆明没到西山就等于没到昆明”之说，西山不仅风景美，它本身的文化底蕴也很深。这里还有很多名家书法遗迹，还有不少动人故事。对这样文化积淀很深厚的地方，应当静下心来细细品读。

昆明西山公众号

华亭寺

华亭寺位于华亭山腰，后倚危峰，前临草海，左枕太华，右连碧峣。寺周围茂林修竹簇拥。

↓

11:30~12:00

↓

在路上

乘坐 94 路公交车到达云南民族村

中午可以在云南民族村附近解决中午饭，在充满民族风情的地方品尝民族风味菜肴小吃，绝对是一件乐事。

民族餐厅

民族餐厅坐落于云南民族村景区中央位置，以“弘扬云南民族饮食文化，让中外游客领略、品尝云南民族风味佳肴”为经营宗旨，以云南各少数民族风味名菜肴、滇味名菜、云南风味名小吃为特点。香茅草烤鱼（傣族）、锅贴乳饼（彝族）、云南山珍等特色佳肴和菠萝饭（傣族）、炸乳扇（白族）等风味小吃脍炙人口。

↓
12:00~17:30
↓
中午前往云南民族村，在民族村内吃一些小吃，游览各个民族村寨。民族村在特定时间会组织歌舞表演和亚洲象表演等活动。

云南民族村

云南民族村是反映和展示云南 26 个民族社会文化风情的窗口，这里水陆交错，清新优雅，各村寨景点错落有致，风格迥异。其间有绿荫小径，亭阁回廊、拱桥石阶相衔相接，并与滇池湖滨大道首尾贯通，自然人文景观与民族风情和谐地融为一体。由于周围自然的景观和得天独厚的天然调节，使得民族村内花枝不断，四季缤纷，每一刻、每一季，都有各自动人的美景。民族村门票 90 元，开放时间：8:30~18:00。

云南民族村公众号

苗族村

选取山地为营造环境，颇具代表性，提炼了苗族建筑的精华。吊角楼展示苗族服饰及手工制作工艺，民居楼则反映了生活起居的民间风范。

民族村真的很大，我们足足走了一整天，好像还有没走到的地方，有的民族村寨有定时的节目表演。虽说这里的所有村落都是仿建的，但是能在一个景区内看到不同民族，形态各异、如此众多的村寨，真很开眼、长知识，而且那里的环境也很好。

瑶寨

由民居吊角楼、平房民居及乡村道观、粮仓、寨门等建筑构成，错落有致。一些道教文化元素的融入，颇具典型性。

↓

17:30~18:00

从云南民族村乘坐 a1、73 路等公交车到达金马碧鸡坊。

13:00~15:00

金马碧鸡坊：傍晚乘车到金马碧鸡坊，看一看昆明市中心的夜景品一品老昆明的特色风味。

金马碧鸡坊

金马碧鸡坊是指昆明金碧路中段的金马坊、碧鸡坊，始建于明朝宣德年间，至今已有近四百年的历史。高 12 米，宽 18 米，具有昆明民俗特色，雕梁画栋，精美绝伦，东坊临金马山而名为金马坊，西坊靠壁鸡山而名为碧鸡坊。北与纪念赛典赤的“忠爱坊”相配，合称“品字三坊”，成为昆明闹市胜景；南与建于南诏的东西寺塔相映，显示了昆明古老的文明。

金马碧鸡坊，作为昆明地标性建筑巍然屹立在昆明最繁华的商业中心，在这充满现代化气息的繁华街道上独一无二地存在着，这标志着这座城市悠久的历史。夜色下，灯光照射在这两个牌坊上，置身其中，我已忘记自己活在当下，仿若时光倒流，忘记身边的一切。

金马碧鸡坊位于昆明城中心的位置，其美食也是集云南特色之大成，不论是具有民族风味的小吃还是具有地域特色的美食，都能在金马碧鸡坊找到。

藹若春位于金马碧鸡公园的藹若春为昆明最具特色的待客、聚会之地，不仅菜品颇具云南味，而且庭院式的餐馆风格也是极好的，做的也是云南人爱吃的菜。人均 75 元。

多哥水傣味餐厅很具有民族风情特色的店，有着比较正宗的傣味，位置优越，自然元素比较多，所以也相对比较简洁。

多哥水傣味餐厅位于昆明市五华区金马坊，人均 70 元。

昆明住行

住宿

昆明的住宿条件很成熟，各种星级酒店、旅馆、招待所都有。金马碧鸡坊位于昆明市中心，选择自然很多。可以根据自己的需求选择自己心仪的酒店。

住宿地推荐

匠庐艺宿精品民宿

艺宿民宿位于五华区滇缅大道旁，酒店经过设计师精心的构思，大量运用玻璃和钢质结构，整体给人以自由、宽广、舒适的感觉。酒店还融合了云南特有的艺术元素，诠释了当地特有的人文气息。

五华区滇缅大道旁

0871-65372288

昆明朴舍酒店

昆明朴舍酒店以归本主义设计理念为亮点，加入古老磨盘、老房梁、旧木雕花等老物件，给酒店蒙上淡淡的时光之纱。设计保留原有水泥墙面，同时打造现代吊顶墙面。个别客房以玻璃天窗的形式，实现了与月光同眠，与星光对话的浪漫。

昆明市五华区祥云街 29 号

0871-65879997

桔子酒店（翠湖店）

桔子酒店紧邻翠湖、云南大学、百汇商场，步行 10 分钟左右可达到。酒店周边有酒吧、咖啡店、电影院、小吃一条街，生活十分便利。

昆明五华区钱局街 186 号

0871-68287776

交通

飞机

昆明长水国际机场是继北京、广州、上海之后国家第四个门户枢纽机场。机场至市区有24.5千米，且机场面积大，最远登机口距离安检有1千米，乘坐飞机的旅客至少提前2个小时从市区出发。

机场→市区

在昆明机场乘坐空港快线4号线或者乘坐85路可以到达市区，也可以直接乘坐出租车，大约50分钟。

火车

昆明站位于昆明市官渡区北京路尽头，距离昆明市中心约7千米。有开往北京、上海、广州、成都、乌鲁木齐、沈阳、丽江、河口的直达列车，也是沪昆铁路、成昆铁路、南昆铁路交汇的重要交通枢纽站点。

火车站→市区

昆明站周边有很多公交车通往市内各个地方，例如k33路、42路、85路等公交车都可以到达。另外乘坐地铁一号线也可以到达市中心。

汽车

昆明新五大汽车客运站由东部、西部、南部、北部、西北部组成。班车发往不同的方向，均可由市区乘公交车直接前往。

第2天 金殿→世博园→翠湖公园

在昆明的第二天，早上游金殿，看看吴三桂和陈圆圆住过的地方；下午两点以后进世博园，世界的园艺尽在此处；傍晚到翠湖公园，融入昆明当地人的慢生活。

7:30~8:30
↓
在路上
从金马坊乘坐 47 路公交车到达金殿。

8:30~12:00
金殿：登山游览金殿，可以在景区的天门两旁买一些小吃尝下，金殿每年的 2 月份有茶花节，会展出许多品种的茶花。

金殿

金殿风景区位于昆明市东郊的鸣凤山麓，距市区 8 千米，初建于明万历年间，是我国现存最大的纯铜铸殿。铜殿在骄阳下殿宇熠熠生辉，耀眼夺目，故人们称为金殿，是中国重点保护文物。云南山茶甲天下，殿后的山茶园也是昆明一胜。门票 30 元。

金殿公众号

金殿公园是我此行觉得最美的地方。百年的林木郁郁葱葱，冬季茶花盛开，各种品种姹紫嫣红，安静的景区让我想起小时候家门口的公园，可以自由自在地拍照、赏花。

上午游玩过后前往世博园，中午在世博园附近用餐，品尝云南特色的汤锅。还可以在世博园内预订特色美食，但是园内美食价格较贵。

文山原生态荨麻土鸡位于金广路金亚商业中心附近，这里不仅可以品尝到荨麻等野菜，还用当地土鸡炖汤，味道十分鲜美，人均40元。

↓

12:00~13:00

↓

在路上

乘坐69路或47路公交车到达世博园，中午在世博园附近用餐。

13:00~17:30

世博园：到达景区可以乘坐景区的电瓶车，或者乘坐园内观景小火车，随意游逛。

世博园

世博园是昆明世界园艺博览会的展览基地，位于昆明东北郊，汇集世界各地园艺成果。含中国馆、国际馆、人与自然馆、科技馆、大温室五大场馆、中国国内展区34个展园、国外展区30个展园，另有专题园、企业展区等诸多景观。门票100元，开放时间：9:00~17:00。

盆景园位于世博园花园大道南侧，园内主体建筑以三个展厅及一组连廊形成背景，组合石亭以沉稳而秀丽的形象形成盆景园的铸景立面。外部形象则以四坡梯形屋顶的三个方亭与连廊组合，坡面为木兰色陶瓦、红色墙面、白玉檐口，其建筑形象带有东方风格。

艺术广场它的背景是一座山的断崖面，自然的山石、潺潺的流水，形成错落有致、富于变化的山水景观。

园区秩序井井有条，绿化景观保存完好，园区内最突出的是园艺，园林建筑和自然地形相融，周边绿化植被和名贵树种相互融合。在世博园区内游览，一天不知不觉间已过，但游兴未尽，在友人们一再催促之下，方才恋恋不舍地离去。

世博园公众号

↓

17:30~20:30

翠湖公园：傍晚到翠湖公园，周围包括云南大学等在内的诸多人文景观，并集中着不少商铺，若时间充足，可在翠湖周边步行游览。

翠湖公园

翠湖公园坐落在昆明市北部螺峰山下，原名菜海子。翠湖公园是市区最漂亮的公园之一，因其八面水翠，四季竹翠，春夏柳翠而得名。翠湖公园南眺碧鸡、北瞰蛇山，水光潋滟，垂柳摇曳，“十亩荷花鱼世界，半城杨柳佛楼台”，被誉为镶嵌在昆明城的“绿宝石”。春寻梦，冬观鸟。每年冬初，到这里过冬成群的红嘴鸥成了一道亮丽的风景线。

开放时间：7:00~23:00。冬季翠湖公园是可以非常真切并且近距离地感受人与自然和谐共处的地方，湖面上空到处飞翔着红嘴鸥，湖面也栖息很多，游人拿着面包在湖边喂食，特别是把面包拿在手里举起来，红嘴鸥会飞到手上拾取食物，非常温馨和谐，这里是非常值得推荐去的地方。

到了云南，必吃的美食之中绝对有一个是过桥米线了。晚上在翠湖边品尝正宗云南过桥米线。

桥香园过桥米线（翠湖店）在昆明属于口碑较好的米线店，翠湖店在翠湖公园边上，店面很大，环境很好。放眼望去就能看到翠湖公园，装修有着浓浓的云南特色，民俗味十足，服务超级棒。

经典线路

石林一日游

石林风景名胜区面积达350平方千米，石林集中。其象生石之多，景观价值之高，举世罕见，山光水色应有尽有、各具特色。石林的魅力不仅仅在自然景观，还在于独具特色的石林撒尼原始风情。石林的溶丘、洼地、暗河、溶洞、钟乳、溶蚀湖、天生桥、断崖瀑布等，几乎世界上所有的喀斯特形态都集中在这里，构成了一幅喀斯特地质地貌全景图。

第3天 石林风景区

石林素有“天下第一奇观”的美誉，景区很大，所以需花上大半天来游览。晚上在石林品尝着特色美食，还可以买一点正宗的石林腐乳带走。

8:30~10:30
↓
在路上
乘坐由昆明前往石林的旅游大巴，行程约2小时。

10:30~17:00
石林风景区：石林在蓝天白云的映衬下特别漂亮，因为景区比较大，需要半天时间游览，所以最好自备干粮。

石林风景区

石林景区位于昆明石林县，素有“天下第一奇观”的美誉，也是昆明的必游景点之一。石林是典型的喀斯特地貌，石峰、石芽、落水洞、地下河遍布，峰林幻化成各种形态，剑状、塔状、蘑菇状等，千奇百怪美轮美奂。门票175元，开放时间：7:00~18:00。

1. 建议穿登山鞋或者慢跑鞋，石林景区内石阶很多，需要走的路也很长。

2. 石林景区内有餐厅，但是不适合散客。如果行程是中午抵达石林风景区，建议在景区外用餐，或自带点心饮料。

3. 由于景区较大，加上路线较为复杂，夜晚很容易迷路，建议天黑前结束游览行程。

李子园箐 李子园箐在环林路以外，方圆数十里的荒山野丘上，布满了奇柱异石，有聚有散，有起有伏，而且没有过多的高树与石林争高，保持着自然的风貌。

石林公众号

千奇百态的石林让你真心惊叹大自然的鬼斧神工，在那里你可以惊奇地发现许多石头的造型逼真有趣，传说中美丽的阿诗玛天天站在河边笑迎来自各地的游客。如果你是有心人发挥你的想像力还会发现更多趣石……

大石林

石林由密集的石峰组成，犹如一片石盆地。这里的石林直立突兀，线条顺畅，并呈淡淡的青灰色，最高大的独立岩柱高度超过 40 米。其中有“极狭通人”“凤凰梳翅”等典型景点，最著名的当数龙云题词“石林”之处的“石林胜境”，而“望峰亭”为欣赏“林海”的最佳处。

石林芝云洞

石林芝云洞在大小石林西北 6 千米处，洞内多石钟乳、石笋、石柱等溶洞景观。形态多样，异彩纷呈。明以后称“仙迹胜景”，以“石硐仙踪”之名号独居石林八景之首。

石林是彝族撒尼人的聚居地。撒尼人是一个大块吃肉、大碗喝酒的豪爽群落。每到农历六月二十四，都会在石林举行一年一度的火把节。这时如果来到石林，就可以在观看了精彩的斗牛、摔跤比赛后，在场外不远的树林里大吃一顿极富地方民族特色的汤锅。这里的汤锅烹饪技术极好，各种肉炖得恰到好处，不硬不软，无膻味、腥味等怪异味，色、香、味俱全。

彝米水乡这家店在石林景区附近，典型的农家乐，装修环境很有意思。菜品丰富多彩，味道鲜美，价格适中，既经济又实惠。

位于石林风景区的彝米水乡，人均45元。

雅尼私房菜雅尼私房菜餐厅环境味道，服务都很好，菜价优惠分量充足，是吃货朋友的不二选择。

位于阿诗玛旅游小镇的雅尼私房菜，人均40元。

石林住行

住宿

石林景区在长久以来的发展中，住宿条件已经非常完善，酒店、宾馆、招待所等住宿条件不等。如果选择住宿景区内，第二天还可凭门票继续游览石林；石林公园大门内的石林湖边，有民族风格建筑的宾馆，游客可居高展望石林美景，晚上还有当地少数民族表演歌舞。

住宿地推荐

石林银瑞林国际大酒店

房间宽敞整洁，卫生间很大，热水也很充足。酒店离石林风景区不远，开车几分钟就到了。酒店的早餐很不错，服务员也热情周到。

石林彝族自治县瑞林路6号（石林风景区旁）

☎ 0871-67736868

昆明石林山庄

昆明石林山庄位于风景秀丽、交通便利的石林风景区周边，邻近石林风景区售票，是以住宿、餐饮、旅游、停车综合为一体。收费合理，经济实惠，是来石林旅游食宿的理想之选。

石林彝族自治县石林风景旅游区（绿方塘水库附近）

☎ 0871-67711366

交通

汽车

可以到昆明东部客运站坐车前往石林，半小时一趟。另外开通了昆明到石林风景区的“旅游直通车”服务，每天上午7点至晚上7点，直通车从昆明东部汽车客运站发往石林景区，票价为每人27元。

火车

每天有火车从昆明出发途经石林，可在网上提前预订。普速和动车均可到达。也可以乘中巴车到景区门口。

经典线路

如果多待一两天

如果假期时间长，想在昆明附近待久一点，前往九乡风景区观光，这里的溶洞丰富多样，是国内绝佳的美景。

推荐 多待一天去九乡

九乡南距石林仅 22 千米，与石林景区共同形成“地上看石林，地下游九乡”的喀斯特立体景观。九乡拥有上百座大小溶洞，为国内规模最大、数量最多的洞穴群落体系之一。

九乡风景区气候温和，冬无严寒，夏无酷暑，一年四季都适合旅游。九乡风景区被称为溶洞之乡，这里拥有云南省最大的洞穴群落体系，溶洞群洞风格多样，是国内外罕见的绝景。九乡风景区门票 90 元（含索道 30 元）。

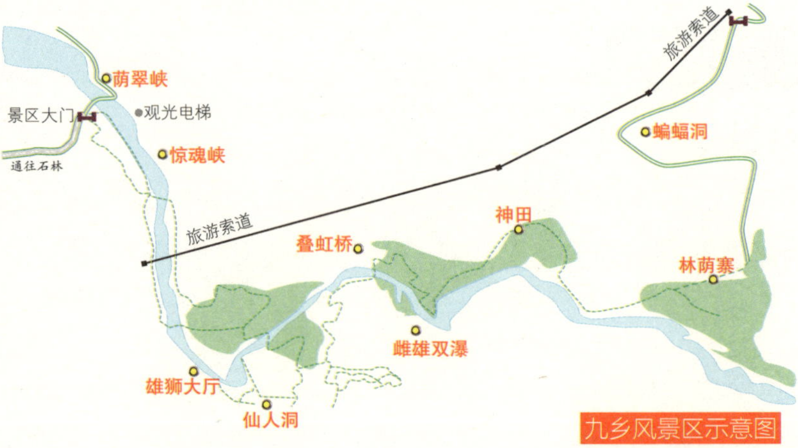

九乡风景区示意图

九乡公众号

九乡风景区位于昆明市宜良县境内，在城乡客运的停车场乘坐 21 路公交车即可到达九乡景区内。

这是一处大自然在地层深处的杰作。历经千年万古的水击之功，从坚硬岩石深处开辟出一条水道，神奇造化之能又在形成的溶洞深处，给后人留下了许多值得回味与赞叹的绝佳风景画卷，将雄阔、震撼与秀美、隽永融为一炉，成就着九乡那放射着无穷魅力的景观。

荫翠峡位于景区北段，按峡中河流的流向讲，则属于景区上游。荫翠峡全长 1 千米，沉潭平湖，最大水深 16 米，可以乘船游览的河段约 700 米，叠虹桥美景一石，荫翠峡独占三斗。荫翠峡还有一个俗称叫情人谷，据说，情人谷是过去九乡彝族男女青年对唱情歌的地方。届时，男的在左岸，女的在右岸，对歌对到一起的，就从横在峡谷的树上跨过峡谷走到一起。

惊魂峡峡长 700 米，是目前国内所发现的最为壮观的地下大峡谷，两岸刀劈斧削一般，峡底到洞顶将近百米，峡中最窄处仅只三四米宽，游人走过无不感到惊心动魄。它的形成是由河床不断下切而劈出，当年开辟游路，人攀洞壁而入，稍有不慎，便会掉进深渊，酿成悲剧。为了纪念这段开辟的艰险经历，故取名惊魂峡。

雄狮厅是一个穹顶倾斜的椭圆形地下厅堂，因南洞口钟乳凝石堆垒如雄狮而得名。雄狮厅体量高大宽敞，是洞穴类型中厅堂厅溶洞的典型代表。整个洞顶由一块巨大完整的岩石构成，天衣无缝，中间没有任何支撑，在全国已开放洞穴中堪称第一地下大厅。

夏秋时间可以吃到九乡山中野生菌子，有鸡枞、干巴菌、牛肝菌等十多个品种。冬季可吃到乡村里用玉米、面粉喂养的肥猪宰杀后腌制的腌肉、烤肉、烟熏肉等乡村风味的菜肴。

学成饭店在去九乡的路上，独栋建筑，外有停车场，内部装饰古色古香的很有韵味，他家的小麻鸭是必点的，滇川菜都有，做得很不错，值得去品尝。

学成饭店位于昆明市宜良县李毛营西侧，人均62元。

住宿

如无特殊情况，一般没必要在景区过夜，当天即可返回。景区外面有宾馆，宜良县城住宿也比较方便，大部分人会选择回昆明过夜。若住在宜良，可去泡泡温泉。城内有几家宾馆有温泉浴池，因为主要是为当地居民提供服务的，所以设备比较简单。

经典线路

罗平两日游

罗平独特的气候，造就了罗平独特的生态农业。每年2~3月，连片的20万平方千米的油菜花在罗平坝子竞相怒放、流金溢彩，绵延数十里，好似金浪滔滔的海洋，凡驻足这个最大的天然油菜花海的人，无不感叹罗平是“金玉满堂之乡”。

第4天 九龙瀑布群

九龙瀑布群因其瀑布众多，景点密集而形成其独有的观赏特点。沿着瀑布边陡峭的石阶路，攀上瀑布顶，回首俯视碧日潭、月牙湖、罗平县、钙化叠水尽收眼底。

7:00~12:00
↓
在路上
早上乘车到罗平，行程大约4小时。

12:00~16:30
九龙瀑布群：进入九龙瀑布景区，先顺水往下走，在爬山观景台，观景台上有小吃和饮料。

九龙瀑布群

九龙瀑布是九龙河上最具盛名的大瀑布，当地布依族群众一向称之为大叠水，人们习惯称之为九龙瀑布。由于特殊的地质构造和水流的千年侵蚀，在此形成了十级高低宽窄不等，形态各异的瀑布群。

门票65元（不含竹筏和观光车票），开放时间：9:00~17:00。

钙华台阶从戏水滩往上至以堵勒大瀑布，有四个钙华台阶呈阶梯状展布。台面弯曲呈弧形，恰似一颗耀眼的明珠，分外美丽。

去看油菜花，却意外看到了这么美的瀑布。打车到最高处，逐级观赏了十二级的瀑布，各有特点各有美妙，有细而高的，有宽而曲的，河水碧蓝，真的是叹为仙境。

第5天 多依河风景区→罗平花海

8:00~9:30

从九龙风景区乘车到多依河风景区。

9:30~12:00

多依河风景区：多依河风景区的游览就是从入口走到终点的瀑布，然后再返回入口。乘坐观光车游览整个景区，天气好的时候可以漂流。

12:00~13:00

↓

午餐

玩累了可以在多依河附近找一家餐馆，品尝一下布依族的特色小吃。

第二天前往罗平多依河风景区，景区很大，观光车必不可少，如果是夏天还可以漂流。下午在罗平花海采风拍照。

多依河风景区

多依河河水清澈碧绿，时有竹筏出没其中，河道上分布着大小50多个钙化瀑布浅滩、十弯九跌。沿河两岸盘根错节的千年古树，仿佛就是一座庞大的自然根雕艺术展览馆。布依村寨沿河而布，吊脚楼隐现树丛竹林之间，

不时冒出一缕缕炊烟，一派十足的热带风光画面。门票45元，开放时间：8:30~17:30。

板台瀑布群位于板台村下。沿河金龟滩、银花滩、古榕滩蜿蜒其中。板台瀑布群由6个高1~3米、宽30~50米的瀑布组成，分布在长约100米的河道上，边石坝呈弧形弯曲，叠水翻涌，似银盆溢水，像珍珠吐翠，恬静优美。

真是好山好水好地方，美得那么认真，美得那么开朗，古树清泉，这里的空气湿润度极高，沁人心脾，这里的气温刚好适宜。多依河就像一位婀娜多姿的美女，你要仔细端详她的每一姿态，才能品味到什么是美丽漂亮。

龙骨水车位于多依河风景区世界自然水车博览园内。龙骨水车又叫翻车，是由东汉灵帝时毕岚所创造，千百年来一直流传沿用。

一目十滩

布依语称为“纳顶”。位于板台村东南河湾处。十余个钙华漫滩层层叠叠，错落有致，条条清碧；雷公滩之上，多依河风光绮绝，景色清雅。登高俯视，带天澄回碧，映日动浮光，天设地配，美绝人间。

午餐可选择在多依河旁边品尝布依族的姜春烤鱼、酸笋鱼、连渣捞、五色花饭、蛋、山珍野菜、特制米酒等。

↓

13:00~14:00

享受了午餐，休息一下，然后从多依河乘车到罗平花海。

14:00~17:30

罗平花海：在罗平观花，最佳地点一般推荐的是罗平县城东北方向的金鸡峰。登到金鸡峰上看花海，这里的田较平坦，稍远处有些孤峰拔起，十分壮丽。

罗平花海

每年的春节过后，罗平坝子便是油菜花的海洋。这恐怕是世界上最奇特的“大海”了。它是金色的，它是荡漾着清香的，它是吹奏着牧歌的。

罗平油菜花已成了滇东北高原上的一景观，每年春节后，成千上万游人从四面八方来到罗平观花海，弄花潮，寻花思情。现在，罗平人民正酝酿着把每年的3月定为“油菜花节”。

虽然油菜花的花形并不美，单独的一花一朵并没什么可看，但是到了花季，成畦成片的金黄色漫开来，淹没着田野村庄和房屋，把你的心情，把你的思绪，把你的梦想，都染得金灿灿的。

罗平最佳的旅游季节是每年的2月中旬，也就是刚过完年10天左右，那时候整个油菜花海全是一片金黄。

曲靖罗平一带日照强烈，尤其是多依河地区，海拔比罗平其他景点低约1000米，气候较为炎热，务必带太阳伞和防晒霜。

罗平公众号

罗平人对吃特别讲究，也善于钻研。因此，在美食方面，除了常见的名菜外，还有很多富有罗平地方特色的菜肴，如富乐酥肉、富乐牛干巴、富乐凉粉、麻蒿菜等。在油菜花盛开的时节，还可吃到凉拌油菜芽、清炒鲜油菜花。

罗平振兴老店砂锅饭位于罗平县文笔路30号，是一家经济实惠的餐馆。罗平的砂锅饭风味独特，加入适量的盐，装进小砂锅内焖煮。有时还会加入香肠腊肉等辅料。

罗平住行

住宿

振兴路新华书店对面的步行街里一到晚上就有很多小吃摊，味道不错，价钱也不贵。

夜宿罗平县城。罗平县城有多依河、九龙饭店、华禄等多家星级宾馆。标准间价钱由 140 元至 400 元不等，还有众多小旅馆和农家乐可供选择。

交通

火车

罗平站有发往昆明、上海、南宁、广州、湛江等地的铁路客运。石林到罗平火车每天 3 趟，班次固定，硬座票价约 20 元。

汽车

罗平有两个汽车客运站：罗平客运站和罗平汽车客运北站。罗平客运站有班车发往昆明、陆良、师宗、兴义及县内乡镇。罗平汽车客运北站主要运营去往县内北部乡镇的班车。

经典线路

普者黑一日游

普者黑位于文山壮族苗族自治州丘北县城西北。风景区内的一座座散落的孤峰间，延绵环绕着 40 里水路、万亩野生荷花、一望无际的桃园和世界最大的岩溶湿地，被誉为“世间罕见、中国独一无二的喀斯特山水田园风光”。

第 6 天 普者黑风景区

“普者黑”这个名字来自彝族语，意思是“鱼虾丰美的池塘”。每年冬季，芬芳的油菜花在田间盛开；而 6 至 9 月间，红白两色的荷花在水中绽放。把普者黑作为这次旅行的最后一站，那是再合适不过了。

7:00~12:00
↓
在路上
乘车由罗平前往丘北，再从丘北县城抵达普者黑风景区。

12:00~13:00
↓
午餐
中午可以在普者黑品尝一下当地美食。

13:00~20:00
普者黑风景区：在普者黑景区沿湖沿山的小道，边走边看着风景，也可以乘船赏荷打水仗。

当地居民会在船上架起烧烤架，捞起水中新鲜的小鱼，再加上些玉米、臭豆腐、土豆之类，现烤现吃。在湖中游玩想吃东西了，叫一艘这样的小船靠过来，边游湖边吃，美景美味一样也不少。

普者黑风景区

普者黑景区是发育典型的喀斯特岩溶地貌，以水上田园、湖泊峰林、彝家水乡、岩溶湿地、荷花世界、候鸟天堂六大景观而著称，这里既有桂林山水孤峰、清流、幽洞、奇石的灵秀，又有江南水乡小桥、流水、人家的古朴神韵，还有杭州西湖波光潋滟的明丽，更有比荷花淀还要浩荡的万亩荷花。

强烈推荐。走过不少的地方，也曾见过无数的江河湖泊，但大都被人类的世俗和浑浊所污染了，那些水，只剩下水的形体，而没有了水的灵性。看着普者黑的水，再浮躁的心也会顿时宁静。普者黑的水，那种清，那种静，那种真，那种透明，总会让你无由地想起婴儿的眼睛，满世界的纯真和神秘。

普者黑公众号

普者黑湖为高原淡水湖，也叫灯笼湖，“普者黑”是彝语音译，意为“盛满鱼虾的水塘”。当地人民又称它为珍珠湖。普者黑湖湖水清澈，船行湖中，夏日可看到万亩荷花绽放，远处孤峰巍峨屹立，景色悠远秀美。

普者黑门票170元，包含景区门票、船票和周边小景点门票。

青龙山坐落于普者黑湖畔中部，与南边的凤凰山相对，形成了“龙凤呈祥”的格局，山上有火把石洞、月亮洞、张咀石洞等8个溶洞。站在青龙山上，可俯瞰普者黑全貌，这里也是观日出和日落的最佳位置。

仙人洞

普者黑有山必有水，有山不无洞，景区内共有具有观赏价值的大溶洞 83 个。仙人洞、神怡洞、黑箐龙等洞中还保留古人遗迹，被古人遗弃的各类动物骨骼化石还清晰可见，不仅有很高的观赏价值，且有很高的科学研究价值。

普者黑的美食，食材一般是来自湖里的物产，非常新鲜和原生态。最知名的要数荷叶粥、清汤鱼、醉虾、荷叶炒鸡蛋。除此以外，本地的腊肉、三七炖鸡等丘北菜肴也很美味。

鱼米饭庄当地口碑很好的餐厅，特色是薄荷黄辣丁、荷叶炒饭。

位于文山仙人洞村的鱼米饭庄，在当地拥有着很好的口碑，特色菜有薄荷黄辣丁、荷叶炒饭等。

品香阁深受普者黑当地人认可，如果你在丘北县城稍作停留，会发现城里也有一家店。仿古的门头挂着大红灯笼，里面的菜肴也如门面般出色。

位于文山市开化街道永通社区临江路的品香阁，人均 50 元。

普者黑住行

住宿

晚上住宿可以在普者黑村的农家乐，虽然环境简陋但是很干净，大部分农家乐都有吃住一条龙，每天清晨都能听到鸡鸣狗吠。也可以在附近村落找一家客栈，客栈硬件条件相对较好。

住宿地推荐

普者黑贲古家园

民族气息非常浓郁的古朴木阁楼。设施在当地算数一数二的，关键房价却是平民的。这家的住宿非常紧俏，建议提早预订。

普者黑景区仙人洞村 88 号

0876-4610603

普者黑夏雨驿栈

客栈位于仙人洞附近，开在湖畔，背靠金锁山，院子里还有美丽清新的荷花，住在这里可以感受最真切的普者黑。这里还提供一系列有趣的活动。

普者黑村口过新桥 30 米处

13577649139

交通

客运汽车

在罗平客运站购票、乘车到达丘北客运站下车，然后在丘北县城乘坐公交车即可到达普者黑景区。

自驾

途经江召公路、S207，全程约 153 千米，4 个小时左右到达普者黑景区。

金马碧鸡坊

第三部分 西双版纳周边多样风情一周游

WELCOME TO XISHUANGBANNA

曼飞龙佛塔

亲历者介绍

小昭

对于资深导游的我来说，国内景点已经难不倒我啦。去过很多地方的我，看过不同的人，听过不同的小调，欣赏着最古老的建筑，聆听着不同时代的声音。这也许就是我一直喜欢做导游的原因吧。很享受着这种不用花钱，便可以游遍祖国各地……反正很开心选择了这个行业。

今天来说说我去过的西双版纳吧，这里是我2015年带着一群可爱的人去的，虽然已经过了4年多，但印象还是很深刻。我喜欢这里茂密的植被，感觉像是置身在绿光森林中，在别处是没办法感受到的。西双版纳居住的大部分都是傣族人，这里民风十分淳朴，人也十分好相处，在这里我可以体验有着特色风情的客栈和难忘的泼水节。一切都是那么的自然、纯净。

喜欢西双版纳，真心希望以后我可以带着爸爸妈妈，一起享受着这里的一切。要是问以后择一小城会在哪里，我会选择西双版纳这边，看一场花开，守候一段安静的时光。

西双版纳周边印象

西南边陲的一颗明珠

西双版纳，古代傣语为“勐巴拉那西”，意为“理想而神奇的乐土”，这里以美丽的热带雨林自然景观和少数民族风情而闻名于世，是镶嵌在祖国南疆的一颗璀璨明珠。西双版纳是云南为数不多的没有冬季且远离寒冷的地方。

绮丽神秘的原始森林

西双版纳有中国唯一的热带雨林自然保护区，气候温暖湿润，树木葱茏，蔓藤盘根错节，不少珍禽异兽，如亚洲象、犀鸟、孔雀、黑冠长臂猿都生活在这片热带丛林里。由于有丰富的动植物资源而被称为“物种基因库”和“植物王国皇冠上的绿宝石”。

旅游心得

1 西双版纳热带花卉园
2 西双版纳热带植物林
3 红河建水古城

原汁原味的古城风光

建水古城是国家历史文化名城，已有 1200 多年的历史，至今保存有 50 多座古建筑，被誉为“古建筑博物馆”和“民居博物馆”。这些历尽沧桑，古迹斑驳的瑰宝有相当的历史价值和艺术价值。

气势磅礴的梯田

元阳县境内全是崇山峻岭，所有的梯田都修筑在山坡上，这是当地哈尼族人世世代代留下的杰作。梯田坡度在 15 度至 75 度之间。梯田分布较广，大都是几千近万亩的梯田，形状各异，各具特色。

美丽壮观的日出日落

元阳梯田一直有一个说法，多依树看日出，老虎嘴看日落。日升日落，梯田映着天空的颜色，映着太阳的光线，金光闪闪，变成了一幅金色的油画。柔美的田埂勾勒出一层层曼妙的轮廓，这就是大自然的杰作。

聆听神祇的声音

如果想领略最为原汁原味的南传佛教那就非要到这云南的西双版纳不可了。南传佛教起源并兴盛于斯里兰卡，然后通过西双版纳传入中国。这里的傣族群众几乎都是佛教徒，每个村寨都有佛堂以供祭拜。

4 红河元阳梯田风貌　5 红河元阳梯田日落　6 西双版纳佛寺景观

关注气候

西双版纳周边最佳旅游季节

从季节来说，11 月至次年 4 月是西双版纳旅游的旺季，这期间气温不高，而且一年一度的泼水节也在这段时间里举行。而元阳的梯田春节前后经常有云海出现，元宵节前后，野樱花、野木棉花、野桃花和棠梨花盛开。

最佳季节的装备表

特殊必备品	必备原因
太阳镜、防晒霜、遮阳帽、雨伞	云南紫外线照射较强，注意防晒，带好防晒用品。在西双版纳，雨伞也是必备物品之一
驱蚊水，止痒药膏	西双版纳环境湿热，蚊虫很多，常年不断，夜晚出门最好喷上驱蚊水
凉鞋，运动鞋	到了西双版纳凉鞋是一定要准备的，而元阳地区道路多为山路，需徒步，最好穿运动鞋

最佳季节的衣物表

云南南部最佳季节衣物						
衣物种类	11 月	12 月	次年 1 月	次年 2 月	次年 3 月	次年 4 月
防晒服	√	√	√	√	√	√
棉制短袖	√	√	—	—	√	√
短裤	√	√	—	—	√	√
冲锋衣	—	√	√	√	—	—
牛仔裤	√	√	√	√	—	—

西双版纳及周边玩点

西双版纳位于云南省最南端，西双版纳在傣语中的意思是“理想而神奇的乐土”，这里以热带雨林的自然景观和少数民族风情闻名于世。西双版纳拥有着中国唯一一个热带雨林雨林保护区，气候温暖湿润、树木葱茏和众多珍奇异兽。比较有名的景点有：勐仑植物园、野象谷、傣族园、基诺山寨等景点。

玩点速览

野象谷（见 P113）

人类与亚洲野象沟通的桥梁

基诺山寨（见 P114）

普洱茶的六大茶山之一

西双版纳原始森林公园（见 P117）

西双版纳最大的综合型生态旅游景点之一

西双版纳傣族园（见 P118）

拥有最完好的 5 个傣族自然村寨

曼听公园（见 P121）

西双版纳最古老的公园

勐泐大佛寺（见 P120）

俯视景洪市区热带风光尽收眼底

建水文庙（见 P125）

有“金碧辉煌甲全滇”之美誉

团山村（见 P129）

云南最精美的古民居

老虎嘴景区（见 P133）

集美丽、壮观、恢弘于一体的梯田景区

多依树景区（见 P134）

元阳梯田中最精华的部分

经典线路

西双版纳三日游

西双版纳空气清新，既有绮丽秀美的热带风光，又有多姿多彩的民族风情。美丽的澜沧江浇灌着这片浓绿的热带森林。这里是金孔雀的故乡，这里是植物的王国，这里的傣家姑娘跳起优美的孔雀舞，这里的精致佛塔是我们视觉的盛宴。

第1天 野象谷→基诺山寨→曼景兰村

在上乘车前往野象谷，循着野象的踪影看看原始森林；下午到基诺山寨，跟着导游一起，品品茶，吃点热带水果，了解基诺族的民俗文化；晚上逛逛曼景兰村，在村子里品尝傣家特色美食。

8:00~12:00

野象谷：早上乘车前往野象谷，野象谷作为西双版纳唯一一个可以欣赏到野象的地方，在野象谷看原始森林景观和亚洲野象，探险热带丛林。

野象谷

野象谷位于景洪以北的勐养自然保护区内，地处东西两片林区结合部的河谷。在这片上百万亩的热带雨林里生长着多种植物，层绿叠翠、郁郁苍苍，热带竹林连成一片；为亚洲象等野生动物提供了最适宜生长，繁衍的栖息之地；是中国首家以动物保护和环境保护为主题的国家公园。

景点门票60元。

开放时间：8:00~18:00，野象谷给人感觉其实还是不错的，整个景区就是沿河谷建设的，基本都是悬高的平台，又可以观察河谷，又不影响大象的活动。

大象表演为每天上午11:00~12:00，下午2:00~3:00。

↓

12:00~13:00

午餐

西双版纳的烧烤还是值得品尝的，午餐可以在景区内边吃烧烤边观看野象表演。

13:00~16:00

基诺山寨：基诺山寨大门有基诺族迎接仪式，有导游带你游览，进行讲解。在里面看基诺民族表演，品尝基诺美食，喝基诺的普洱茶，参观基诺民居，了解基诺文化等。

中午饭可以在景区内的烧烤场解决，一边品尝特色傣味烧烤，一边还可以观看野象。美味和美景一样也不错过。

野象谷景区内的风味烧烤，人均30元，是一个具有很强的民族特色，菜品种丰富，味道也不错，环境也还可以，服务还算周到。

野象谷公众号

基诺山寨公众号

基诺山寨

基诺山寨坐落在峰峦叠嶂、绿荫苍翠、群山环抱的六大古茶山之首的基诺山，距景洪23千米、基诺乡政府3千米。这里是西双版纳州基诺族传统文化保护区，全国唯一一个最全面最集中地展示并以基诺文化为主题的旅游景区，是了解基诺文化最重要的窗口。

门票160元(含门票、讲解、小吃、表演等)。

开放时间9:00~18:00，基诺山寨绝对值得一去，管理很规范，每十几个人派一个导游讲解。里面还有很多好吃的，还有节目看。基诺族作为最后一个确认的少数民族，还保留了很多原始的文化。

↓

16:00~20:30

曼景兰村：曼景兰村里有一条著名的美食街，到曼景兰是了解傣族风俗习惯、风土人情的好机会。

政府扶贫地区，村庄会每天轮派普通话较好的村民接待游客，在村民家可以了解傣族的民族文化，而且村里有很多本地水果，便宜得很！

曼景兰村

曼景兰村位于景洪市郊，是一个拥有近200户人家的大寨子。现在这里已是一个旅游村，村民在此开设了20多家傣味饭店，其中有的饭店还有节目表演，附设旅社，招待国内外来宾。客人到这里可以品尝到傣族风味菜，听赞哈（歌手）唱歌，了解傣族的风情习俗。

整个曼景兰现有130多幢竹楼，四周都是凤凰树、芒果树和铁刀木，风光秀美。这里也是有名的民族风味食品区，由于各式各样的民族风味餐馆分排于马路两旁，被人们称为民族风味食品一条街。在这里可以品尝到傣族风味菜，如香茅草烤鱼、酸笋煮鸡、菠萝紫米饭等，味道鲜美可口，用餐之际，还可以看歌舞表演。

财春青泰国餐馆位于位于曼听路曼景兰193号，人均60元。

财春青泰国餐馆提供泰式风味，有冬阴功汤、薄荷蛋汤、炒米干泰等，口味地道且价格适中。特色菜：虾炒饭、柠檬蒸鱼、炒酸甜排骨等。

住宿

品尝完曼景兰村的美食，在村子附近找一家心仪的酒店或者民宿入住，好好休息，准备好第二天的行程。曼景兰村紧挨市区，住宿经济实惠。

住宿地推荐

西双版纳景兰大酒店

西双版纳景兰大酒店是西双版纳州首家以傣式风格的挂牌四星酒店。酒店位于市中心，交通便捷。酒店坐落于茶城中心，左邻繁华商业街，右临傣家美食街，背靠工艺品夜市街，是住宿、娱乐、休闲的最佳选择。

西双版纳傣族自治州景洪市景德路 6 号（景德路与曼听路交叉口西行约 60 米）

0691-2129999

景洪雨林幽谷主题文化客栈

雨林幽谷主题文化客栈坐拥两江盘山下，俯瞰三桥天险通。雨林幽谷客栈就这样依山傍水，居身于雨林幽谷之中。主人独具匠心，抱着亲近自然、为旅居者打造温馨浪漫家园的念头，辛勤奉献出雨林幽谷这样的特色客栈。

西双版纳傣族自治州景洪市榕林大道雨林澜山 177 号

0691-2191866

景洪七夕客栈

景洪七夕客栈地处于告庄大金塔旁湄公河畔边，地理位置优越。客栈还配备泳池，茶室等休闲区域，提供免费接机、汽车接站、旅游咨询。

景洪市告庄西双景景宰寨 10-2 号

0691-2132777

第2天 西双版纳原始森林公园→西双版纳傣族园

西双版纳的第二天，早上游览西双版纳原始森林公园，看看西双版纳特有的动物植物；下午到橄榄坝（西双版纳傣族园）领略最完整淳朴的傣族文化风俗，还可以亲身参与到傣族最具特色的泼水狂欢。

9:00~9:30
↓
在路上
从曼景兰村乘车到达原始森林公园。

9:30~12:00
西双版纳原始森林公园：乘坐电瓶车沿途游览，看看千奇百怪的热带植物，在固定的时间还可以看孔雀山庄放飞孔雀表演。

门票45元，景区中有电瓶车，往返50元。开放时间：7:30~18:00。

西双版纳原始森林公园

西双版纳原始森林公园位于景洪以东、澜沧江以北，是全州离景洪城最近的一块原始森林，也是我国目前保存最为完好的热带雨林之一。西双版纳原始森林公园是西双版纳最大的综合性生态旅游景点之一，公园融会了独特的原始森林自然风光和迷人的民族风情。

身在此原始森林之中，呼吸着新鲜的大自然的气息，远离闹市的喧哗，享受少数民族的特色，感觉还真是不错。其他的景点人与人之间都很分散，听着小溪潺潺，鸟儿鸣叫，倒也显得挺安逸的。

孔雀山庄

孔雀山庄位于西双版纳原始森林公园，是以度假山庄的形式设计建设，体现西双版纳热带雨林的特点，建筑风格独特，设施设备齐全，空气清爽宜人。

↓

12:00~13:00

在路上

从原始森林乘车前往下一站橄榄坝。

13:00~17:30

傣族园：可以参观到我国保存的最完好的傣族自然村寨以及古佛寺，每天下午四点左右，多名傣家姑娘和小伙子都会同游客一同泼水狂欢。

西双版纳傣族园

傣族园位于西双版纳橄榄坝，景区内有我国保存最完好的5个傣族自然村寨。一座座傣家木楼和佛寺佛塔深藏于各种热带林木之中。走进村寨，榕树、大青树等乔木遮天蔽日，郁郁葱葱，地上绿草茵茵，花团锦簇。正如诗人曰：一日作客橄榄坝，夜夜梦回傣族园。

西双版纳傣族园公众号

门票45元。

开放时间：8:00~18:00，橄榄坝是个傣族味道很浓厚的小镇，人们总说没来过橄榄坝等于没来过西双版纳。这里有很多在棕榈椰子的阴凉中漫步的人。有纯天然手作的菠萝干、椰子干，满满都是阳光的味道。

曼春满佛寺在东南亚享有盛名。每年的重大佛事活动期间，斯里兰卡、泰国、缅甸、老挝、西双版纳等地的僧侣和信教群众都要云集曼春满佛寺举行朝拜和诵经活动。因此，这里的香火旺盛，这里的佛寺、佛塔、缥缈的香火和小和尚的诵经声，增添了幽静和神秘。

露天剧场是个很有意思的地方，这里以歌舞的形式真实准确地反映了傣族传统文化精粹，再现了傣王招亲的历史渊源。

坝子里除了正宗的傣菜就是烧烤，一到晚上，当地人摆的烧烤摊子有几千米长，这的烧烤都是用香茅草裹制后烤制的，味道清新特别，推荐香茅草烤鱼和鸡，是当地的招牌。

曼飞龙烤鸡位于西双版纳景洪市，是一家人气很高的餐馆。招牌的有菠萝饭，曼飞龙烤鸡。其中烤鸡表皮十分香脆，鸡肉肉质细滑，值得品尝。人均 60 元。

住宿

在橄榄坝傣族园里面几乎家家户户可以住宿，旺季时最好提前预订。因为当地的农家乐洗澡多用太阳能热水器，如果太晚洗可能会没热水。

住宿地推荐

西双版纳春萨拜茶客栈

春萨拜茶客栈位于澜沧江（湄公河）河畔，临河而建，与澜沧江相隔一片香蕉林，拥有绝佳的田园湖景景色。步行可至傣族园中心景区泼水节广场、曼春满佛寺及漂流，周边风景优美，环境舒适。

西双版纳傣族自治州景洪市勐罕镇傣族园曼降村 48 号（滨江路 1 号院）

021-80187829

菩提岛精品花园酒店

西双版纳菩提岛度假酒店坐落于西双版纳橄榄坝龙得湖畔，酒店完全融入于大自然之中，与千年古寨傣族园隔湖相望。酒店的外观古朴、原始，内部装修典雅，具有浓烈的泰国风情和傣族民族特色。

景洪龙舟广场 26-27 栋

0691-3032888

第3天 勐泐大佛寺→曼飞龙白塔→曼听公园→湄公河篝火晚会

由于邻近缅甸、泰国等佛教国家，小乘佛教在西双版纳也深入人心，在西双版纳处处可见佛寺佛塔。在西双版纳的最后一天，到勐泐大佛寺、曼飞龙白塔领略一下小乘佛教的文化；下午到曼听公园参观游览，晚上参加在曼听公园内举办的篝火晚会。

7:30~8:30
↓
在路上
从橄榄坝乘坐班车到达勐泐大佛寺。

8:30~10:30
勐泐大佛寺：到达勐泐大佛寺参观独有的呈坐佛形的佛寺，佛寺金碧辉煌，在这里可以领略到小乘佛教的文化和建筑。

勐泐大佛寺

勐泐大佛寺是位于云南省西双版纳的一所庙宇。佛寺呈坐佛形，为国内外所独有。景区以佛祖释迦牟尼的生平及佛寺活动为主线，巧妙融入到景观及建筑群体中，充分展示南传佛教的历史与传统文化色彩。

门票120元。

开放时间：8:00~17:30，大佛寺是在景洪市内的景点，我觉得是必去的景点，首先里面的建筑实在是太美了，就算我不是佛教徒，依然被震撼了。我之前受洗过，所以没有进佛寺里面，但是，就算只是从外表就已经能够感受它的魅力。

↓

10:30~11:30

从大佛寺乘坐公交到达景洪市，然后从景洪市乘坐中巴车大勐龙，之后步行到达曼飞龙白塔。

11:30~14:30

曼飞龙白塔：中午游览曼飞龙白塔，曼飞龙白塔塔身洁白，有各种精美的塑饰和彩画。佛龛背上有各种动物、花草、卷云纹装饰。

曼飞龙白塔

景洪市大勐笼的曼飞龙后山上，有一座造型别致的砖石结构的子母佛塔，人称飞龙白塔。由于塔身洁白，塔尖金黄，很像破土而出的玉笋，所以，傣族人民也称其为“笋塔”。曼飞龙塔在西双版纳地区有着深远的意义和影响，甚至在缅甸、泰国等国家的小乘佛教徒中也有着深刻的意义。每年，各地信徒都会来此朝拜，表达对佛祖的崇拜和敬仰。

太棒啦，简直就是世外桃源，环境非常好，空气新鲜，在这里，不但逃离了尘世的喧嚣，而且可以让自己的心得到沉淀，净化。

↓

14:30~17:30

曼听公园：园内风光明媚，林木葱郁，各类树木比比皆是，是人们观赏游玩的理想园地。

曼听公园

曼听傣语称“春欢”，意为灵魂之园。曼听公园有保存完好的500多株古铁刀木林及植被，园内有山丘和河道，又有民族特色浓郁的人文景观，是个天然的村寨式公园，以前是傣王御花园，已有1300多年的历史。景区集中体现了“傣王室文化、佛教文化、傣民俗文化”三大主题特色。

门票40元。开放时间：8:00~17:00，篝火晚会需要18:50以后开始。

周总理纪念碑坐落在西双版纳景洪市的曼听公园内。从曼听公园的东门进入景区，一进门就是一个小广场，广场的对面是一座雕像。当年周总理在西双版纳参加傣族泼水节就在曼听公园，因为曼听公园是过去傣王的御花园。

曼听公园公众号

在景洪市中心，景区很大，建筑很具有民族特色，游客不是很多，自然清爽，从曼听公园的后门可以直接进入大佛寺，不收费，景区里还有定点的大象表演和孔雀表演，很值得一看。

湄公河篝火晚会

湄公河篝火晚会在曼听公园举行，集合了中国、老挝、缅甸、泰国、柬埔寨、越南六个澜沧江－湄公河流域国度的文化特色。整个晚会分为三部分，上半段是歌舞表演，中间部分是放水灯，下半段是篝火晚会，其中傣族宫廷舞蹈《贝叶之光》是整个晚会的高潮部分，也是最震撼的一幕。

西双版纳住行

住宿

景洪市住宿很方便，可选择面也很广，宣慰大道、勐泐大道上都有不错地酒店和宾馆，也有许多客栈、青旅适合背包一族。

住宿地推荐

西双版纳皇冠大酒店

酒店位置很好，地处市中心，晚上酒店旁边就是夜市，出行方便，周围饭馆很多，离有名的财春青也很近；酒店园内环境优美，房间都是两层的小楼。

西双版纳傣族自治州景洪勐泐大道 70 号，勐泐路

0691-2199888

景洪圣提雅娜酒店

交通方便，距曼听公园 500 米；距沃尔玛、大润发 300 米；距江边夜市、泰国街 600 米，地处繁华地带而不失幽静，服务贴心，干净整洁，提供接送机服务。

西双版纳傣族自治州景洪勐捧路 18 号景蓝银钻 C2–02

0691–8989077

西双版纳湄公河雨林精品主题客栈

西双版纳湄公河雨林精品主题客栈位于告庄西双景景德寨大金塔附近，客栈主要采用傣式风格装修，整体主要以为木质结构为主，拥有各式精致客房。客栈精心打造傣式风格，加之淡雅的木香、古朴的家饰，整体风格朴素淡雅。

西双版纳州景洪市澜沧江畔

0691–2262555

交通

飞机

西双版纳景洪机场位于景洪市南部嘎洒乡，距景洪市区 5 千米。淡季从昆明飞往西双版纳的机票，有时会有让人意想不到的极低折扣。

机场→市区

机场小巴：出机场候机楼就能看到，每位 10 元即可抵达市区。小巴发车时间不固定，需等候，人满即走。

出租车：直接乘出租车前往市区，价格约 30 元。

汽车

从昆明南部客运站乘坐班车到达，客车每日班次众多，昆明到景洪的高速公路已全线贯通，全程约耗时 8~10 小时，票价约 220 元。沿途可能有边防检查，需出示身份证。

建水两日游

建水县是云南省红河哈尼族彝族自治州下辖的县之一，该县位于云南省南部红河北岸。建水早在旧石器时代，就有人类活动的遗迹，古已有“粮蔗之乡”的称谓，素有“文献名邦”“滇南邹鲁”之称，古城建水以境内广布文物古迹和风景名胜而著称。

第4天 建水文庙→朱家花园→朝阳楼

第一天参观建水古城。建水古城古称临安，是一座有着深厚历史的文化名城，古城始建于唐代，距今已有1200多年历史，城内有保存完好的精美古建筑50多座，堪称一座“古建筑博物馆”和“民居博物馆”。

8:00~9:00

在路上

乘车前往建水文庙。

9:00~11:00

建水文庙：建水文庙建筑群坐北朝南分布。如果刚好碰上周末，文庙会有颇具规模的古乐表演，上下午各一场。

建水文庙

建水文庙始建于元朝至元二十二年（1285年），至今已有700多年的历史。经历代50多次扩建增修，占地面积已达114亩，其现存规模、建筑水平和保存完好程度，都仅次于山东孔子家乡的曲阜孔庙和北京孔庙，在全国大型文庙中名列前茅。

大成殿是文庙的主体建筑，一字排开的五间殿堂，正堂内置龙宝座，供奉着孔子塑像。殿堂单檐九脊歇山顶，琉璃黄瓦，翘角飞甍，巍巍宏丽，气象庄严。大殿檐下悬挂着“先师庙”三个鎏金大字匾，笔力雄浑遒劲，匾沿镶嵌着玲珑剔透的木雕龙凤。

建水文庙公众号

崇圣祠是祭祀孔子前五代列祖列宗的场所，其为五开间三进深单檐歇山顶抬梁式建筑，前檐梁架、斗拱上施彩画，图案精美，色彩古朴，殿前有石拦板望柱。在大成殿庭院东西两侧，还有体现“庙学合一”的东西明伦堂。

门票 40 元。

开放时间 8:00~18:00，这座孔庙确实宏伟壮丽，给人以庄严肃穆之感。文庙出在这个小城并完好保存至今令人惊叹。据介绍，建水历史上文风盛行，自元初这里开始文庙庙学后，人才辈出，从前这里开科取士中举的比例曾有时占去云南省的一半多，真是了得！

建水是一座雕梁画栋的千年古城，历史积累让这里的美食充满了细腻、精制和深远。建水古城有不少名菜名店，独一无二的烧豆腐、美味无比的汽锅鸡等都上过《舌尖上的中国》。

↓

11:00~16:30

朱家花园：朱家花园分为住宅和祠堂两部分，是建水典型的“纵三横四”民居。现在朱家花园一部分房间已经改建为客房，供游人居住。

朱家花园

朱家花园有“滇南大观园”之称，是一组规模巨大的清代民居建筑群。由清光绪年间建水富绅朱渭卿弟兄所建。朱家花园的整座建筑坐南朝北，主体建筑分为住宅和祠堂两部分，为“纵三横四”的建水典型民居建筑。

门票 35 元。

开放时间 8:00~20:00，这里是见证近代云南工业资本家、侨商兴衰史的一个富商花园，园子里每个有典故的景点只要用手机扫扫二维码都可以随时听到讲解，非常方便清楚真心希望这样的景点多一些，再多一些。

↓

16:30~17:30

朝阳楼：朝阳楼在临安路最东边，比北京的天安门还早 28 年，站在楼顶可俯瞰建水古城风光。

朝阳楼

朝阳楼又称迎晖门，是建水的标志性建筑。朝阳楼是建水东门城楼，面阔五间，进深三间，巍峨雄伟。始建于明朝洪武年间，据说比天安门还早 28 年，是建水古城的地标，也是祖国边陲老重镇的象征。景点免门票，登塔 20 元。

初见确实有令人震撼的感受，大气壮观，高高的城楼矗立于滇南建水，尚存的建水古城东门，迎着朝阳，雄镇东南，迎晖门三字果然名副其实。整座城楼为红色，醒目逼人，城墙很厚重，穿过门洞，有从当今走进古代之感，穿越时空，流淌岁月瞬间凝固。登楼远眺，极目彩云之南，建水古城尽收眼底。

游览完朝阳门已是傍晚，天开始慢慢变暗，而古城已华灯初上。建水街头食馆林立，餐饮非常方便，在古城里找一家好口味、好口碑、好装修的餐馆，品尝建水美食的同时也是在品味建水文化。

香满楼（临安路店）位于临安路的翰林街上，穿过临安路上的牌坊就到了，这里是建水当地饮食的代表，饭店开在古建筑里，上下两层充满了历史感。其中烤豆腐、草芽、汽锅鸡等都特别美味。

香满楼位于红河哈尼彝族自治州翰林街，人均 50 元。

建水杨家花园原本是一私家花园，后改作餐饮。当您走进这一传统的建水古建筑中，一定会被它浓浓的文化气息吸引。在全面参观餐厅后，您可以点上几样建水地道风味小吃，在这美丽的环境里细细品味。对了，这里的烧豆腐可是不要钱的，可以尽情地吃上几十个。

建水杨家花园位于建水县红井街，人均 55 元。

住宿

建水古城内的住宿从酒店、客栈到民居、青旅一应俱全，价格从几十到几百不等，可选择面很广。有关酒店的资讯获取也很方便，不少客栈青旅提供拼团服务。

住宿地推荐

建水听紫云度假酒店

建水听紫云度假酒店是一座拥有丰富文化内涵、传奇色彩、恒久建筑与深厚历史的酒店，为您创造真实、难忘、独特的体验。酒店完美结合了云南建水的历史与文化，拥有装饰典雅的餐厅和酒吧、具有文化传承的陶艺体验馆及书斋、可静心怡神的古朴院落等。

红河哈尼族彝族自治州建水临安路关帝庙街 49 号，近永宁街

0873-7876766

第 5 天 团山村→双龙桥

建水除了它悠久的历史之外，还有一些精妙的建筑。建水的第二天，游团山村原汁原味的古村风光，览双龙桥的巧夺天工。

8:00~9:30
↓
在路上
从朝阳村乘车到达团山村。

9:30~12:00
团山村：团山村是一个尚未开发，原汁原味的古老村庄，村里散落着 20 多处晚清建筑，基本都保持着原有的风貌。

团山村

团山村历史上曾是彝族人的居住地。这里所有建筑一律坐西朝东，屋面为青瓦，白灰粉饰外墙，青砖做墙裙，每座房屋都以天井为核心，大门多在主体建筑一侧，通过形状不一的过道，到达主体院落。

门票 35 元。团山村，犹如一位大门不出、二门不迈的少女，它的静美，可以让你静下心来，慢慢细赏。

12:00~13:00
↓
在路上
乘坐从团山村乘坐建水 4 路到达双龙桥，或者打车前往。

13:00~17:30
双龙桥：双龙桥是云南著名古迹之一，它突起在建水西坝的十里平川之间，倒映于水天一色之中，楼中有桥，蔚为壮观。

将军第

将军第建于光绪三十一年。因房主张和任“辛亥临安”起义中平匪建功，被云南都督蔡锷委任为国民革命军第四营管带兼督察员，并授予“将军第”匾额而得名。

双龙桥

双龙桥，俗称“十七孔桥”，横跨泸江与塌冲河交汇之水面上，是座三阁十七孔大石拱桥。这座桥被认为是云南省规模最大、艺术价值最高的一座多孔连拱桥，已被列入中国造桥史册。

站在双龙桥上，想着昔日这里的繁忙，而它，又静静地观看了多少桥上桥下、桥两岸的悲喜故事呢，沧海桑田，唯有它是不变的风景，坚守，屹立。

建水住行

住宿

建水县城不大，景点之间的距离也相对较近。下午游览完双龙桥之后，回到县城住宿。可以在县城里逛逛，再吃些小吃，或者买点土特产，回到住宿地之后收拾好证件和行李，准备第二天的元阳之行。

交通

火车

建水火车站位于建水城北 10 千米处，可以从昆明、蒙自、河口、大理等地乘火车前往建水，出火车站后有 919 路公交车往返于火车站和古城东门之间。

汽车

汽车是进出建水的重要交通方式。建水距昆明约 220 千米，距离红河约 152 千米，有不少长途车往返其间，交通很方便。12 路、6 路、5 路等多路公交往返于古城与建水客运站之间，出租车起步价内可达。

经典线路

元阳两日游

元阳“红河哈尼梯田”开垦历史已有 1300 多年。元阳县各族人民开山为田，引水种地，开垦梯田。元阳“红河哈尼梯田”分布于全县 14 个乡镇，梯田级数最多的有 3700 多级，梯田单块面积最大者 10 余亩。2013 年 6 月 22 日在第 37 届世界遗产大会，红河哈尼梯田获准列入世界遗产名录。

交通：各景点之间现在有车往返，80元。如果时间紧，不如包车方便，能凑够 4 个人，包车可以去景点车不能停的地方

票价：当天票（一票通）：全价票 100 元，半价票 50 元（含箐口民俗村、老虎嘴景区、坝达）；多天通票：全价票 180 元，半价票 90 元（可凭票在 10 日有效期内游览箐口民俗村、老虎嘴景区、坝达景区、多依树景区）；年票：全价票 360 元，半价票 180 元（可在 1 年有效期内游览箐口民俗村、老虎嘴景区、坝达景区、多依树景区）

元阳梯田主要景点有四个：多依树看日出，坝达看日落、云海，老虎嘴看日落，箐口看云中仙境。

第6天 元阳县城→老虎嘴风景区

早晨乘中巴车从建水前往元阳，到达元阳后，在元阳县城吃午餐，随后前往老虎嘴景区，傍晚在老虎嘴景区看日落，夜宿多依树景区附近。

9:00~11:00
↓
在路上
早晨乘坐建水到元阳的中巴车，到达元阳。

11:00~13:00
午餐
在元阳县城稍作休息，顺便吃一顿午饭。

在元阳吃是一个独特的享受，元阳气候复杂，动植物种类繁多，又是6个少数民族高度聚居地区。各民族有自己的饮食习俗，形成了错综复杂、各具特色的饮食风格。

多依树菜馆这种远离都市之地的菜馆里有着来自高原田地的各种土味菜品，给游客带来另类的味觉享受。但是远离县城中心，荤菜的价格较贵。

多依树菜馆位于红河哈尼元阳县新街镇多依村普高老寨，人均16元。

元阳南沙农乐风味是一家农家乐，地方很宽敞，做的农家菜也很正宗。价格低廉，非常超值。

南沙农家乐风味位于南沙长青路延长县城建局附近，人均15元。

↓
13:00~19:30

老虎嘴风景区：下午游览老虎嘴风景区，往西遥望，三座三梁排披挂着层层梯田如三条巨龙，尽情挥舞；往东远眺，又是2000多亩保山寨梯田全攀附在7座半圆型山梁上，全成弯月形天梯，直指苍穹。

老虎嘴景区

老虎嘴景区是元阳梯田势最险峻、气势最恢宏、布局最壮观、面积最大的梯田景区。其特点是立体感强、颜色的层次感强烈，五彩斑斓，像一幅油画。老虎嘴周围梯田的坡度相对较陡，近攀枝花处的螺丝田也很有名，是摄影爱好者的挚爱。老虎嘴的日落也很壮观，值得一看。

老虎嘴景区，则是观日落的必到之处。在斜阳和彩霞的映照下，连片的梯田就像是浩瀚的大海，雄伟壮丽，各种有节奏的层次和美妙曲线，五彩斑斓的颜色搭配，常让人目瞪口呆，不知身在何处。

第7天 多依树景区

元阳第二天在多依树景区看日出，拍一些美美的照片，还可以逛一逛附近的少数民族村寨，看一看沿路的自然景观。

5:30~16:00

多依树景区：早晨早起在多依树景观台看日出，之后到周边村寨逛逛，观看人文景观的同时还能看到很多自然景观。

16:00~20:30

↓

返程

乘坐中巴返回昆明，再由昆明返回各地。

多依树景区

多依树景区包括多依树、爱春、大瓦遮等连片的上万亩梯田。在很多拍摄元阳的照片中，看到最多的地方就是多依树，这里的梯田像版画一样，颜色多变，壮观美丽，特别是日出之际，眼前水面上不断变化的颜色让人目不暇接，衬着烟雨迷雾下若隐若现的多依树村庄，让人有进入仙境之感。

门票65元。在元阳哈尼的诸多梯田中，以多依树的日出最负盛名。在元阳，看不到地平线，四周的山脊构成了天际线，太阳升起或落下均在山峰的背后，所以日落日出，不见旭日。令人陶醉的是清晨和黄昏时天空中的光束、彩霞和云雾的穿插，梯田的波光、倒影、色块、层面和线条的组合。铄金镀银，瞬息万变，如梦如幻。

从多依河观景台沿着山顶一路向西走，前行一段到达普朵上寨，赶上午饭的时间，在村里找户人家，请他们做一道乡村美食，所有的菜都可以当时从地里采摘，非常新鲜。

元阳住行

住宿

在老虎嘴景区看过日落之后，为了第二天方便观赏日出，驱车前往多依树景区附近住宿，晚上还可以在住宿的地方拼餐。多依树附近旅店不算多，建议提前预订。

住宿地推荐

元阳爱上路客栈

元阳爱上路客栈坐落于多依树景区。客栈位置优越，在店内有特色观景台可以观赏梯田、日出日落、云海等壮丽观景。客栈整体设计简约大气，给人一种温馨舒适的感觉。

元阳多依树景区普高老寨

18760710799

水云间客栈

水云间客栈是外国人聚集的客栈。普高老寨在多依树景点里面，位置低，观景需要上来到观景点，但是白天可以直接到梯田里面。

元阳县多依树村普高老寨

13529732170

元阳国际青年旅舍

这是多依树村少有的青旅，黄色房子很好找到，看日出和梯田都很方便，老板热情好客，青旅有阿姨做饭，也可以自己使用厨房，客房有电热毯。

元阳县多依树村普高老寨

13769198168

交通

汽车

建水到元阳的中巴车每天 7:15~18:40 滚动发车，班次较多，票价约 32 元。建水到元阳全程约 141 千米，耗时约 2 小时。

泼水节狂欢

芒 市 大 金 塔

第四部分 腾冲周边边境风貌一周游

WELCOME TO —— TENGCHONG

亲历者介绍

思归若

“旅行的意义是什么？”身边的朋友经常会问我。我虽然去过青海，那里的茶卡盐湖清澈如镜，但是我不知道跟朋友怎么形容这里的意义。我虽然去过西藏，那里的布达拉宫很神圣，但我形容不出来……旅行到底有什么意义呢？

不知道什么意义，但是很喜欢旅行。

偶然一次机会在杂志上看到了腾冲的银杏村，真是美的不像话。然后和小伙伴们背上旅行包，筹划了一场腾冲之旅。这里在金秋时最美，清澈的阳光，透过金黄的银杏叶，斑驳的洒在地面上，在旁边的桌椅坐一坐，喝一杯清茶，便是偷得浮生半日闲的舒坦。除了银杏村，这里的火山公园，让虽然没有去过土耳其，却可以坐到浪漫的热气球的我，甚是知足。

旅行不一定要追求意义，这份自在和舒服，是做什么都比不了的。

腾冲周边印象

没泡过温泉，不算来过腾冲

腾冲是我国最为著名的“地热之乡”，境内遍布着温泉、沸泉、喷气泉等不同形态和规模的热泉上百处，腾冲火山群位于横断山系南段的高黎贡山西侧的腾冲市，火山以类型齐全、规模宏大、分布集中、保存较完整而著称于世，这里有“天然火山地质博物馆”之誉。

千年古村里的金色流光

金秋时节是固东镇最美的时候。古朴的建筑在银杏树下更添了几分沧桑，田间、路上、墙头边、菜地里金黄一片。漫步村中小巷，不经意间，银杏叶撒满一身，此番意境，你会禁不住端起相机，将所有的美景收于镜头中。

旅游心得

1

2

1 俯瞰腾冲火山

2 漫步在腾冲银杏村

3 古镇田园风光

走进和顺，探访历史

和顺古镇曾被评为中国十大魅力名镇之首，源于和顺有着纯朴的人们，有着历经沧桑巨变的传统民居，有着沉淀了600多年的历史文化。走进和顺，就像走进了一座文化迷宫。在古老的火山台地之上，成千幢特色民居依山傍水而坐，栉比鳞次，举手投足之间便可触摸到斑驳的岁月和丰厚的文化气息。

3

烈士的灵魂栖息地

国殇墓园可以说是腾冲军民以鲜血谱写成的一部活的史书，9168名牺牲者，以可贵的生命铸就的爱国篇章。一个个墓碑，让所有人感受到烈士崇高的爱国精神，了解到拼死以捍卫国土的完整和全力保护民族尊严的必要性。

风景秀美的陆地口岸

瑞丽是中国西南最大的内陆口岸，是重要的珠宝集散中心，是首批中国优秀旅游城市之一。瑞丽还是中国 17 个国际陆港城市之一，也是中缅油气管道进入中国的第一站。

东南亚风情的经济区

瑞丽边贸风情浓郁，尤以姐告口岸为甚。缅甸人、巴基斯坦人、印度人进进出出，一派繁忙的景象，很有东南亚风情。

4 腾冲的国殇墓园石碑　5 眺望瑞丽江　6 瑞丽姐告口岸

关注气候

腾冲周边最佳旅游季节

11 月至次年 4 月是出游腾冲—瑞丽一线的最佳时间。既可躲过德宏炎热潮湿的雨季，又可远离北方严寒而漫长的冬季，11 月中旬到 12 月初，是银杏村看银杏的最佳时节，此时整个村子黄澄澄，且适宜泡温泉，农历二月初八的刀杆节更是万人空巷。泼水节时间在每年 4 月 12 日至 17 日。目瑙纵歌节时间在每年的正月十五至十七。

最佳季节的装备表

特殊必备品	必备原因
太阳镜、防晒霜、遮阳帽、雨伞	在云南，防晒是必不可少的，虽然躲过了瑞丽的雨季，但是还是应该带上雨伞以备不时之需
毛衣，薄外套	腾冲太阳辐射度较大，不论春夏秋冬，只要一出太阳就很暖和，一下雨就很冷。毛衣一定要带，在当地一年四季都用得上

最佳季节的衣物表

云南西南部最佳季节衣物						
衣物种类	11 月	12 月	次年 1 月	次年 2 月	次年 3 月	次年 4 月
棉制短袖	—	—	—	—	√	√
薄外套	√	√	√	√	√	√
牛仔裤	√	√	√	√	√	√
薄毛衣	√	√	√	√	—	—

腾冲及周边玩点

腾冲位于云南省西南部，因为临近缅甸使它成为了侨乡小镇。这里拥有着丰富的地热资源，因此温泉也十分丰富。腾冲城虽然不大，但是历史悠久，有着厚重的历史底蕴和众多人文建筑。腾冲是将火山景观和田园牧歌风光相融合的地带，在这里可以乘坐热气球远眺整个腾冲的风光，也可以在秋季静赏银杏村的美景。

玩点速览

腾冲火山地热国家地质公园（见P143）
中国四大火山群之一

银杏村（见P144）
摄影者钟爱之地

腾冲热海（见P146）
沐浴最正宗的温泉

和顺古镇（见P150）
西南丝绸之路上的古村

勐焕大金塔（见P155）
中国第一金佛塔

畹町桥（见P159）
中缅交通要道

扎朵热带雨林景区（见P160）
誉为人间仙境的天然森林氧吧

中缅街（见P161）
国际商贸一条街

一寨两国（见P163）
一个寨子两个国家

喊沙村（见P164）
典型的边疆傣族村寨

经典线路

腾冲三日游

腾冲，这是一座小巧而精致的县级市，街道纵横交织，旧宅与新楼交相呼应，这座“极地边城”有着太多悲欢离合的故事，这里是无数英雄长眠之地，有雄峙苍穹的火山、喷珠溅玉的温泉、金黄的银杏村和美丽的湿地。你可能想像不到，中国的大地上竟有如此独特神奇的地方，仿佛一件旧衣裳，打有补丁却被洗得干净清爽。

第 1 天 腾冲火山地热国家地质公园→银杏村

腾冲的一大看点就是它的火山群。到达腾冲的第一天，首先要去的自然是腾冲火山地热国家地质公园。在公园逛了一个上午，下午到银杏村，看看美景，尝尝美食，让身与心都放松一下。

8:30~12:00

腾冲火山地热国家地质公园：早上到腾冲火山地热国家地质公园，可以沿阶梯往上爬，观赏到火山口的景色，也可以乘坐热气球俯瞰整个公园。

腾冲火山地热国家地质公园

腾冲火山地热国家地质公园位于腾冲市马站乡境内。地质遗迹是在地球形成、演化的漫长地质历史时期，受各种内、外动力地质作用，形成、发展并遗留下来的自然产物，它不仅是自然资源的重要组成部分，更是珍贵的，不可再生的地质自然遗产。

门票 35 元，热气球 200 元（可以乘坐 10 分钟）。

开放时间：8:00~18:00，火山地质公园的门票要随身保留，因为在柱状节理和黑鱼河景区会有工作人员查票；景区三部分之间距离较远，包车游览会更方便一些。

黑鱼河巨泉一年四季清澈见底，而且流量不减，其中两股水流各有特色，一股哗哗欢跳着涌入龙川江，另一股则羞羞答答像个少女，出洞后形成一潭温柔的泉水。两股泉水汇入龙川江，在夏季的洪水暴发期，江中会形成清浊分明的两样江水，别有一番景致。

柱状节理在腾冲市的龙川江畔，矗立着一大片火山爆发时喷出的未露于地表的岩浆冷凝后形成的柱状结晶。柱状节理是我国迄今为止发现的一片规模最大、保存最完整、年代最短的柱状节理。

小空山因腾冲地处印度板块和欧亚板块急剧聚敛的接合线上，地下断层非常活跃，岩浆活动也十分剧烈而形成。小空山高仅五十来米，但火山口却大得出奇，直径一百五十米有余。浑圆的锥体空空洞洞，看似无物，却盛满了大自然的无穷奥秘。

腾冲有众多的火山锥，其中大空山和小空山蔚为壮观，登上山顶空山被绿色树木和灌木包裹，到处散落着红褐色的火山石。

↓

12:00~13:00

↓

在路上

从腾冲地热国家地质公园乘车前往银杏村。

13:00~18:30

银杏村独特的地理气候原因，使得银杏村的“赏叶季”较长，每年 10 月下旬至 12 月中旬为最佳观赏季期。

银杏村

银杏村是腾冲市的一个原始村庄，这里有 3000 多株银杏点缀在农家小院的内外。银杏村最大的特点就是“村在林中，林在村中”相互依托。村民的房屋就错落有致地分布在空地的四周，在房前屋后，到处都有大大小小的银杏树。

门票 36 元。

10~12 月最佳，可以赏秋景。每年深秋，房前屋后，黄叶纷飞，异常美丽。终于来到向往已久的银杏村，一片金黄映入眼帘，阳光很好。这其实就是一个再普通不过的村子，可是村里上千棵银杏树和越来越多的游人让他们的生活变得不平凡，家家户户几乎都是农家乐，这里的确很美，感觉照片也已经不能体现它真正的美了。

银杏村基本上每家都是农家乐，坐在院子里吃饭还是不错的，特别推荐银杏鸡汤，可以要求店家现杀的，可能要多等一会，但是非常值得等，这里都是土鸡，而且是乌骨鸡，很鲜，是大城市里吃不到的。还有银杏煎蛋、银杏小炒肉等，还可以点一壶杏花酒，绝对是芳香四溢惹人馋。

云南银杏村公众号

住宿

银杏村有很多农家乐，村子比较小，所以住在村子里的每个位置都很方便。基本都是既可以住宿又能用餐的，淡季价格在 100 元左右，旺季在 200 元左右，旺季的时候最好提前订好房间。

住宿地推荐

腾冲江东银杏村建花农家乐

建花农家乐位于腾冲江东核心景区陈家寨，如果说金黄是秋天的代名词，那腾冲固东镇的江东银杏村就是云南最美的赏秋地。江东银杏村建花农家乐配套设施齐全，服务周到，干净卫生。

腾冲市固东镇江东银杏村陈家寨

18787588040

本才特景农家乐

本才特景农家乐庭院宽敞，院中种有银杏树，环境清幽，住宿房屋通体采用木结构建造，有冬暖夏凉之功效，更有美味可口的农家小菜。

腾冲市固东镇江东银杏村陈家寨 4 号

0875-5851973

腾冲银杏之家客栈

客栈坐落于银杏村主要观景街道，院内有一颗古老的银杏树，也成了游客常常拍摄的景点。客栈是住宿兼营餐饮，木质结构的客房，古色古香、卫生清洁；饭菜具有当地特色，营养可口。客栈还能介绍周围村子的景点和特色，并能安排车辆带客人前往。

腾冲市固东镇江东银杏村　0875-5851008

第2天 热海→国殇墓园

第二天上午到腾冲热海游览，在热海你可以看到云南十八怪之中的“鸡蛋串着卖”。然后到国殇墓园，看看中国远征军的烈士们，了解这段历史会让你更好地了解这个地方。

8:00~9:30

从腾冲市区有专线直达热海，或者在热海路与金融路交汇处也可以直接乘车到达，或者直接乘坐出租车直达。

9:30~12:00

热海：在热海可以看到有名的大滚锅，在大滚锅旁边体验自己煮鸡蛋，也可以体验一下当地的特色温泉，感受热海的名不虚传。

腾冲热海

腾冲热海景区到处都可以看到热泉在呼呼喷涌。热海中最典型的是大滚锅，蒸腾的热气，沸腾的热泉，在这里，你还能看到云南十八怪中的“鸡蛋串着卖”。另外，热海还建有多家疗养院、浴室等，可以在这里洗澡、泡温泉，也是一项不错的体验。

热海大滚锅

云南八大怪里：“鸡蛋串着卖”，指的就是这里。正中大滚锅温泉，旁边两个真的是大锅盖着煮温泉蛋，因为温度是86℃左右，鸡蛋是煮不老的。

腾冲热海公众号

门票50元。

开放时间：8:30~17:30，开始以为热海就是个温泉，没想到让我大吃一惊。开始先参观了热海火山博物馆，给小孩学习科普知识，非常值得。到了热海景区，发现热海的温泉是真材实料，泉水都冒着热气，靠近温泉水使人直冒汗，以前见过的温泉都是没有这种现象的。

蛤蟆嘴

蛤蟆嘴在热海公园澡塘河瀑布的崖上，水温高达 95.5℃，属动脉式喷泉。由于长期沸喷，钙华体形成蛤蟆嘴形状的喷水口，沸水向澡塘河斜射，射程 1.5 米，真像只栩栩如生的蛤蟆在悠闲地吞云吐雾，并伴有呼呼如鼓喉的声响。

珍珠泉

珍珠泉为一双泉坑，由众多喷汽孔形成的凝结水坑，二坑位于同一平面上，因泉中升起的凝结型气泡在水中和水面形成串珠状徐徐升起，且在水面如珍珠般轻滚动，故得名珍珠泉。

↓

12:00~13:00

从腾冲热海乘坐 2 路公交车在丁有餐厅站下车，步行可以到达，或者直接乘车前往。

中午可以尝一尝用地热烹饪出来的美食，原汁原味的美味，这是自然给予这片土地最特别的礼物，天生地热好烹调，不需柴灶不需烧。

浴谷温泉餐厅

所有食品都用地热、温泉保温，鸡蛋、鹌鹑蛋、土豆都非常好吃，很嫩，很原汁原味。餐厅空间很大，一整扇的落地窗可以看到外面的美景。

温泉餐厅位于腾冲市海浴谷温泉内，人均 50 元左右。

↓

13:00~17:30

国殇墓园：下午到国殇墓园，一进门，远远地就能看到忠烈祠，然后拾级而上，可以观看将士的名字和军衔。

国殇墓园

位于腾冲市天成社区。它是为纪念抗日战争时期中国远征军第二十集团军攻克腾冲战斗中阵亡将士而建的墓园，目前是中国规模最大、保存也最完整的抗战时期正面战场阵亡将士纪念陵园。来这里的人，凭吊的不仅是逝去的亡灵，更是一段悲壮的历史。

9:00~17:00，周一全天闭馆调整，法定节假日、重要纪念日照常开放。

国殇墓园位于腾冲叠水河畔小团坡下，以小团坡为起点，在其东北方向的中轴线上，建有攻克腾冲阵亡将士纪念塔、腾冲战区抗日烈士墓和抗日英烈纪念堂。

腾冲有很多有名的特色菜，例如大救驾、黑河烤鱼等，县城里的餐馆较多，选择面较大，找一家地道的餐馆品尝地道的腾冲美食。

玉泉园位于腾冲市腾越路玉泉园，人均89元。

玉泉园餐厅环境古香古色，小桥流水的江南建筑风格，园内百余间古代建筑风格的房屋成街、成市，院落成群。用餐之余，绝对值得在这里游览一番。周末还经常举行傈僳族篝火晚会，可以领略到傈僳族精彩的上刀杆、下火海表演。

腾冲人家一个神似北京四合院的特色餐厅，都是一间一间的包间，分为上下两层。下层算是散台吧，上层算是雅间。菜的卖相和口味都超好。最最惊喜的是永周皮影就在此处，每晚7点半上演。可以很好地了解下大救驾的来历。非常值得推荐的餐厅，来腾冲不要错过。

腾冲人家位于保山市腾冲市主大街，人均80元。

住宿

在腾冲的第二天，参观过国殇墓园后，在附近住宿。国殇墓园附近住宿条件不错，尤其是腾越路和火山路一带，集聚了大量酒店。相对来说县城餐饮和交通等比较发达。

住宿地推荐

腾冲官房大酒店

腾冲市内最好的酒店之一，环境一流，度假设施齐全，泳池就有不下3处，还有温泉泡池和儿童戏水池，周边被树木花卉所环绕，度假感很强。位置也是位于市中心，距离腾冲博物馆、国殇墓园等市内几大著名公园景点都很近。

保山市腾冲市腾越路红星小区1号腾冲官房大酒店

0875-5199999

千里走单骑温泉酒店

酒店位居腾冲城中心腾越路，与城市中心广场隔街相望，酒店融合了腾冲的人文底蕴与秀丽的自然气质，酒店附近便是商业街，地理位置优越。

腾冲腾越路（临近和顺古镇）

0875-5837777

长风民宿

长风民宿的大院将蒙古风情和腾越文化融于一体，民宿无论是大厅、餐厅、酒吧还是客厅，无不明亮宽敞。酒店基础设施完善同时又添加独具匠心的设计，每一个细节和色彩无不传递着主人的盛情和用心。民宿位于十字路社大盈江附近。

腾冲和顺十字路社大盈江旁

0875-5199123

第3天 滇缅抗战博物馆→寸氏宗祠→中天寺→刘氏宗祠

走进和顺仿佛来到了江南水乡，一泓碧水绕村而过。今天的和顺生活依然恬静，仍未沾染现代气息。和顺古镇内依然保有传统的文化和建筑，明清时期的祠堂、牌坊、古镇等遍布古镇，整个古镇也保持着明清时的建筑风格未曾改变，宛若传说中的世外桃源。

7:00~8:00
↓
在路上
乘车到达和顺古镇。

8:00~9:00
滇缅抗战博物馆：博物馆通过大量老照片，史实资料等，和馆藏文物一起，真实再现了那段历史。

9:00~9:30
文昌宫：文昌宫大门是一个牌坊式的建筑，上面刻着“玉真庆宫”四个大字。

9:30~11:00
和顺图书馆：图书馆的建筑为中国传统的楼房建筑，前置花园，美观素雅。

和顺古镇

和顺真的就像他的名字一样“和顺和谐”，尤其是这里的夜晚，在宁静的小巷中穿行，爬上古镇的制高点，只看到星星点点的灯火，偶然间抬头，你会惊艳于漫天的繁星，如同缀满宝石的黑色丝绒一般，华丽得近乎于奢侈。

滇缅抗战博物馆馆址是当年远征军反攻腾冲指挥部的旧址，位于腾冲市和顺镇。滇缅抗战博物馆是我国第一个民间出资建设、民间收藏、以抗战为主题的博物馆。馆内藏有6000多件文物、1000幅老照片，不乏珍品、绝品。

文昌宫地处风景如画的绮罗河畔，系采用儒教文庙规制与道教宫观相融合设计的组群建筑，始建于万历年间，后康熙至光绪年间又经数次扩建。文昌宫坐南向北，沿南北纵轴线依次排列。

和顺图书馆建于 1924 年，馆舍为中国传统的楼房建筑。它背靠依山建房的密集村落，门迎宽阔富饶的和顺坝子，两条小溪从门前穿过。屋架轩敞，柱少梁多，上下均为玻璃窗，室内显得宽敞明亮，四壁着色素雅大方。

门票 55 元。

在和顺，没有嘈杂的庞大旅行团队，没有全国统一的纪念品，闲暇时在干净的小巷里走走，逛逛镇边的小河，看着洗衣亭中洗菜、洗衣的女人们，或是随意走进一家住户或是客栈，主人都会殷勤接待，有问必答。

和顺古镇公众号

↓

11:00~12:00

寸氏宗祠：寸氏宗祠是和顺古镇的标志性建筑，是腾冲寸氏宗族的象征。

寸氏宗祠又称寸家祠堂，位于腾冲市和顺古镇，祠堂是汉民族祭祀祖先或先贤的场所，是和顺古镇的标志性建筑，也是腾冲寸氏宗族的象征。

中天寺位于和顺侨乡西南后山麓下，四面青山环抱、绿树成荫。这座古寺也并不因旅游的缘故，修旧如新，或修旧如旧。你来或不来，它就在那里，俯视众生。

刘氏宗祠建于1855年（清咸丰五年），建筑临溪伴水，布局错落有致，风格精致典雅。宗祠两侧园中植以梅兰竹菊，环境清幽，存有“永免钱粮”“保我子孙”乾隆时的古碑和汉高祖刘邦、光武帝刘秀、昭烈帝刘备的三祖遗训碑；有目前国内最大的“家堂”（供奉祖先的神龛）；宗祠内匾联、题词比比皆是，弥漫着浓浓的文化气息。

元龙阁楼位于腾冲市南部5千米的和顺镇水碓村龙潭之滨，为一组依山就势、临潭傍水的建筑群，始建于乾隆二十七年（1762年）。建筑群沿中轴线由山门、龙王殿、三官殿、魁星阁、观音殿、百尺楼及厢房等附属建筑组成。

↓

12:00~14:00

中天寺：小镇最高处的中天古寺，没有如织的游人，没有鼎盛香火弥漫的烟雾，整个古朴、幽静以及令人敬畏。

14:00~15:30

刘氏宗祠：坐南向北，依山傍水，月台前新筑双孔石拱桥，桥下有池种荷，具有园林之盛。

15:30~16:00

元龙阁：元龙阁傍水依山而筑，循序渐进，有龙王殿、三官殿、玉皇殿等殿宇。

↓

16:00~17:00

艾思奇纪念馆：艾思奇是影响广泛的马克思主义哲学家，他的著作《大众哲学》《哲学与生活》等，曾引导无数青年走上了革命道路。

艾思奇故居位于和顺古镇内，是一座砖石楸木结构、中西合璧的四合院。走进小院，西楼和厅楼上陈列着展示艾思奇生平事迹的图片和相关文字。故居前临元龙幽潭，后枕凤山，地势高旷，环境优美。

腾冲风味饮食品种繁多，具有浓郁的地方特色和丰富的文化内涵，从中可以透视出腾冲社会历史发展的一些轨迹。腾冲饮食文化是民族文化、中原文化、外来文化交融的结果。浓厚的历史文化色彩、精彩纷呈的节日大大丰富了腾冲饮食的文化内涵。

三成号私房菜在小巷中的这家餐厅人气很旺，吃过才知名不虚传。食材很好，菜品地道，老板人也很好，虽然不太好找，但值得尝试。

寸家小院餐馆在和顺古镇中的一条小巷内，门口也没有招牌。寸家小院有 100 多年的历史，小院比较小，只能容纳很少几桌客人，所以，就餐需提前预订。

位于和顺镇水滩村的寸家小院餐馆，人均 35 元。

和顺住行

住宿

说起和顺最大的特色，对于旅行者，除了林林总总的景点和侨乡文化，安静、闲适、慢节奏可能是令大都市的游客感触最深的。和顺古镇里面，有很多家客栈，各有特色，高中低档的都有，在和顺古镇住宿也成为感受和顺当地文化的一部分。

交通

飞机

腾冲驼峰机场位于距腾冲市城外的清水乡驼峰村，乘坐飞机往返腾冲是最便捷的。腾冲驼峰机场已经开通通往北京、成都、昆明、南京、西安等地的航班。在驼峰机场有机场大巴直达城区，约 10 元。或者乘坐出租车到达城区约 30 元。

汽车

腾冲有两个汽车客运站，旅游客运站主要营运发往昆明、保山、大理（下关）和丽江的班车。城东老客运站主要营运发德宏傣族景颇族自治州方向的班车。

经典线路

芒市一日游

芒市，傣语意为黎明之城，位于云南省西南部，是中华人民共和国云南省德宏傣族景颇族自治州州府所在地，是全州的政治、经济、文化中心，是一个典型的以傣族、景颇族、德昂族、阿昌族、傈僳族为主的少数民族边境县市。芒市与缅甸毗邻，是我国通往东南亚、南亚和西亚的重要门户之一。

第4天 勐焕大金塔→勐巴娜西珍奇园→树包塔

早上从腾冲乘车到芒市；中午到勐焕大金塔，可以看到大金塔的金碧辉煌；下午去勐巴娜西珍奇园，看看奇花异草；之后到树包塔，感受岁月变迁下所形成的奇观。

8:00~11:00
↓
在路上
乘车从腾冲到芒市。

11:00~14:00
勐焕大金塔：大金塔由一条很长的阶梯直达，沿着阶梯往上爬就可以近距离地欣赏到大金塔的金碧辉煌。

勐焕大金塔

著名的勐焕大金塔就位于芒市的东南角，邻近孔雀湖，在雷牙让山的山顶处。塔巍峨雄伟、气势恢宏、熠熠生辉。在芒市的每一个角落抬头都能看见大金塔，它是芒市人民信仰的象征。这里民风淳朴自然，没有物欲横流，没有险恶人心，佛教或者其他本土的宗教是他们的心中所向，干净纯粹。

门票40元。

开放时间：8:30~21:00。大金塔周围风景优美、安静祥和，空气中都弥漫着祥和的气息，来到这里，不仅仅是欣赏大金塔的建筑之美，更是为了别样的心灵体验，也许我们的心灵也能变得更美，更纯洁。

14:00~15:30

勐巴娜西珍奇园：珍奇园汇集了全国少见的大量古树名木和世界罕见的硅化木玉石，这里还散养很多孔雀。

15:30~17:30

树包塔：进院子就是一个高台，枯黄落叶散落一地，台前竖着一块介绍树包塔的石碑。在树荫下，一切看着都很古老。

勐巴娜西珍奇园

勐巴娜西珍奇园位于德宏傣族景颇族自治州潞西市城东南，是国家AAAA级景区，现已建成具有古朴、自然、珍奇特色的高品位景点。是全国罕见的生态园林，是集古朴、神奇、自然、典雅、绚丽于一体的大型生态园林景区，含有丰富的文化、科研内涵，又是祖国大西南的植物基因宝库，堪称中国园林奇葩、华夏景观一绝。

门票40元。

开放时间：8:00~18:00。这里汇集了罕见的古树名木和硅化木玉石，稀、奇、古、怪，绝对是亚热带植物基因宝库。园内的自然生态是极好的，枝繁叶茂，绿荫葱葱，美丽的孔雀悠闲地看着行人，一切都美得恰到好处。仿佛来到原始森林一样。这里的一草一木都让人喜欢。

树包塔

树包塔，又被傣家人视为爱情塔。塔高10余米，树高数十米，塔顶着树，树包着塔，顶上枝叶葱茏，脚下佛塔生辉，堪称塔中绝景。

原本我以为这树包塔就是一般的树而已，想不到当我站在巨大无比的菩提树下，聆听菩提树叶在微风中轻声吟唱，我的心居然无比的宁静。虔诚地祈祷，希望能够实现我的心愿。巨大的菩提树缠绕着神圣的佛塔，树中有塔，塔中有树，塔树合一，令人叹为观止。

↓
17:30~18:30
↓
晚餐
一天都是在路上，晚上需要来一顿正餐。芒市本地的美食还是有很多，都有着自己独特的味道。

芒市本地民族都有各自的传统食物和属于自己的味道，傣族饮食酸凉爽口，景颇族饮食辛辣多味。各地口味在芒市交融杂合，变化出新，融入当地。味觉层次分明，深浅浓淡各有味道，各有回味。饭桌上，几乎每菜配一蘸水。可蘸，别有味道;不蘸，不减其味。

赵大妈餐厅据说周恩来总理来芒市时，赵大妈接待过，赵大妈餐厅在芒市也算是小有名气了。餐厅无论从风味、环境来说，都有吸引游客之处。特别是有民族歌舞的即兴表演，更增添了一种韵律与情趣。

赵大妈餐厅位于芒市营水路 21 号，人均 50 元。

勐焕傣家位于芒市南卯街与民族街交汇处西北角的勐焕傣家，拥有着当地比较好的基础设施，菜品也是十分经济实惠，有着正宗的当地口味，另外，老板的为人十分和善、热情，其中值得推荐的是他们家的自制药酒。人均 48 元。

芒市住行

住宿

芒市的宾馆私人的居多，大约占芒市宾馆总数的 90% 左右，基本都是有电梯、有空调、有免费宽带的，一般都集中在芒市的团结大街，价格一般就是 100 多元 / 晚，节假日可能会有所浮动。

交通

飞机

德宏芒市机场，位于德宏傣族景颇族自治州首府芒市，通航城市有昆明、成都、北京、上海、广州等地。机场有 1 路公交到城区。

汽车

芒市一共有三个客运站，分别是三棵树客运站、芒市客运北站、芒市客运南站，开往各个不同的方向。

经典线路

瑞丽两日游

美丽的边境口岸城市瑞丽被誉为“天然森林公园”和“动植物王国”，是最适宜人类居住的地方之一。瑞丽有风光秀丽的国家级风景名胜区瑞丽江、神奇美丽的莫里亚热带雨林；有珍稀动植物聚集的乐园——畹町生态园；有秀丽迷人的田园美景，神秘多彩的异域风光；有激动人心的淘宝之旅、珠宝购物。

第5天 畹町桥→扎朵热带雨林景区→芒令独木成林→姐告口岸→中缅街

瑞丽是著名的边境城市，拥有畹町和姐告两个口岸，来往人口众多，有许多来自东南亚的做翡翠生意的商人。到达瑞丽的第一天，沿着边境线走过，看一看独属于瑞丽的边境风光。

7:00~8:30
↓
在路上
从芒市乘车到达畹町桥。

8:30~9:30
畹町桥的对面就是缅甸，平时是不允许通过的，除非有边民证才可以出入，但是可以站在缅甸边境进行拍照。

畹町桥

畹町桥是祖国西南之门户，320国道之终点，滇缅公路之锁钥，中印公路之纽带；它是中缅两国交界河上的界桥，也是中缅两国人民通商互市、经贸文化交流的重要通道，因其在我国抗战史和外交史上发挥了巨大作用而扬名海内外。

桥本身没什么特别的，重要的是意义不同，属于中缅边境的跨界桥，在桥的中间有一块界碑，提醒人们不能跨出国境，桥的旁边是国门，运输车辆在国门接受检查。

↓

9:30~12:30

扎朵热带雨林景区：这里热带雨林景区是一个负氧离子很高的天然森林氧吧，走到尽头即为高达40余米的扎朵瀑布，十分壮观。

扎朵热带雨林景区

扎朵以原生热带沟谷雨林植被与瀑布组合为主要景观，古木挺拔参天，森林茂密遮天蔽日，被誉为人间仙境。三面环山的地形里面有一块近10多亩的平地，从大门漫步数十米，便见到一池热泉，积水盈尺，清澈见底，传闻这是当年野象为佛祖建造的浴池。

莫里瀑布位于热带雨林峡谷的深处。进入雨林区，参天的古木遮天蔽日，加之刚下过雨，整个雨林给人感觉清新凉爽，呼吸也畅快了很多。在雨林中穿行许久，溪流如玉带般蜿蜒在深山密林间，潺潺的水声，或急或缓，沁人心脾。

↓

12:30~14:30

芒令独树成林：榕树的母株树干向四周发展，成为令人叹为观止的独树成林奇观，景区的面积不是很大，线路安排精巧，不需要走回头路。

芒令独树成林

这棵树位于芒令村旁，远看路边左侧是一片绿油油的树林，而您仔细研究一下，就可以发现这片树林实际上只是一棵榕树，它长在刚入瑞丽市的320国道边，好像是专门站在那里在等候远方的来客，因此被瑞丽人称为迎客榕。门票15元。

瑞丽的独树成林是一片神奇的地方，不仅是由于这里奇特的壮观景象，更是因为踏进这里的时候，总有些似曾相识但又说不上在哪里的感觉，琢磨了好久都没有思考出一个所以然来。直到参看了一些资料后才发现，这里原来是西游记里的某个场景的拍摄地。

↓

14:30~17:30

姐告口岸：姐告口岸依边境而建，中间为主国门，在主国门旁边有着免税店，旅客可按照规定购买进口商品。

姐告口岸

姐告是傣语，意为旧城，为国家级的边贸口岸，是中国对缅贸易陆路通道最繁忙的地区之一。如果说瑞丽是一只艳若天仙的美丽孔雀，那么姐告是镶嵌在孔雀屏端上的艳丽雀丹，有着极其丰富的旅游资源。这里有实施“境内关外”特殊监管模式的姐告边境贸易区，其独特的地理位置，给游客增添了无限的神秘感。

姐告口岸在瑞丽江的东岸，与缅甸木姐镇紧密相连，是瑞丽跨江的唯一一座村镇。在中缅双方共同建成的商贸大街上，有着一排排崭新的民族商店和货棚，摆满了琳琅满目的日用百货及民族工艺品，让人看得眼花缭乱。

↓

17:30~20:30

中缅街：中缅街堪称“国际商贸一条街”，是购物和品尝美食的好地方。这里的夜市值得一去。

中缅街

中缅友谊街，简称中缅街。凡到过中国西南边陲美丽的南国重镇瑞丽的游人，无不慕名前往当地有名的中缅友谊街参观购物或浏览街景。中缅友谊街仅千多米长，便建造有六个街心花园，道路两旁，高耸入云的华灯林立。街市里琳琅满目的各类物品，最能吸引游客。

去体验一下还是有些意思的，浓浓的异国风情，各种不同的肤色的人交织在一起，仿佛置身于国外了。

中缅街入夜后比白天更加热闹，灯火辉煌、霓虹闪烁，那些卖缅式咖啡奶茶、甩粑粑、柠檬茶、景颇族烧烤的小摊吸引着众多食客。当地的特色小吃应有尽有，令人垂涎欲滴。

住宿

瑞丽作为旅游城市，在住宿方面自然不用担忧。第一天晚上的住宿选在姐告口岸附近，晚上在中缅街吃过饭之后可以直接步行回酒店。

住宿地推荐

瑞丽和盛大酒店

酒店地处该区的繁华商业中心，交通便利，距离瑞丽市中心仅十分钟车程，距姐告国门仅500米，徒步便可感受到一门之隔的缅式风情。

德宏傣族景颇族自治州瑞丽市姐告达光路165号

0692-6661688

瑞丽金龙国际大酒店

酒店离国门很近又是贸易一条街，地点出入方便，出门口就有很多出租车，吃饭也方便，隔壁街就有许多小饭店。

德宏傣族景颇族自治州瑞丽市姐告国门大道288号

0692-6680000

瑞丽勐巴娜西酒店

房间非常大，四星级标准，而且很新，离姐告大桥非常近，去姐告市场和国门都很方便，走路的话半小时就可以到。

德宏傣族景颇族自治州瑞丽市人民路下段（联检大楼旁）近姐告口岸

0692-6637999

第6天 一寨两国→喊沙村

瑞丽作为一个边境城市，一寨两国无疑是最好的例子，也是不可错过的旅行地。而喊沙村内则是瑞丽一个文化的缩影，同样值得一游。

9:30~13:00
↓
一寨两国：第二天一早去往有名的一寨两国，虽说是两国，他们的语言相通、习俗相同，他们同走一条路，共饮一井，同赶一场集。

13:00~17:30
喊沙村：如今的喊沙村金色大气、夺人眼球，寨门伫立在瑞丽城区通往弄岛镇的道路旁。顺着寨门往里走，会看到一座座竹楼。

一寨两国

一寨两国距离瑞丽市区约10千米，位于有名的中缅边境71号界碑旁。国境线将一个傣族村寨一分为二，中方一侧称为银井，缅方一侧称为芒秀。景区内有一寨两国水井、一寨两国秋千等景点。一荡两国秋千位于国境线旁，对面就是缅方的芒秀村，坐上去轻轻一荡，便可瞬间“出国”。门票30元。

中缅瑞丽段的国境线是弯弯曲曲、犬牙交错且没有明显的界限的，有时一条小沟渠或是一个田埂，就是两国的国界。如果没有中方一侧威严的国门和值勤的边防武警以及对面缅方高挂的国旗和缅方移民局办公房，你根本就感受不到这里是两个国家的国境线。

71号界碑就在一寨两国的国门边上，在界碑四周可以自由观赏，拍照留念，在有缅甸文字的一面实际上是缅甸的国土了。

一寨两国里的一口水井，井栏上用中文和缅文刻着“一寨两国水井”的字样，这口井养育着中缅两国人民。

喊沙村是瑞丽市勐卯镇一个古朴的傣族村落，别看喊沙村只是一个普普通通的村庄，瑞丽历史的篇章是从这儿揭开的。

喊沙村

喊沙村是瑞丽市勐卯镇一个古朴的傣族村落，座座竹楼掩映在凤尾竹和榕树群之中。居住在村子里勤劳的傣族人民日出而作，日落而息。整个村子被广袤的田野所包围。

喊沙奘寺是瑞丽最著名的奘寺之一，凤竹环绕，榕树垂须，别具民族特色的建筑，是傣家建筑之精华，傣族文化荟萃的艺术宝库。每逢傣家节日，来这里朝拜的香客和游客便络绎不绝。

晚上回市区，到华丰夜市吃晚饭。华丰夜市的大排档应该说是瑞丽最具有特色的，也是非常出名的夜市了。这里的大排档风格各异，虽然缅甸菜居多，但是像傣族味、云南的、泰国的各种风味小吃——缅甸啤酒、拌酵茶、咖喱蟹、柠檬虾、烤罗非鱼等让人眼花缭乱。

瑞丽住行

住宿

华丰夜市附近的南卯街和卯喊街上的宾馆很多，南卯街交通较为便捷，卯喊街比较清静。

住宿地推荐

瑞丽景成大酒店

大堂比较有特色，空间也是比较大，很宽阔，视野非常好，在大堂内有摆放棕榈树之类的植物，有热带地区的感觉。有观光小车可以绕酒店参观。毗邻瑞丽江，能够看到远处的缅甸民居。

德宏傣族景颇族自治州瑞丽市卯喊路 95 号中段

0692-4159999

瑞丽新世纪宾馆

酒店在市中心，靠近华丰夜市，晚上逛夜市吃夜宵很方便，大厅有个自助茶吧，有不同的免费饮料提供，早餐品种很丰富，适合各地方口味。

德宏傣族景颇族自治州瑞丽市卯喊路西面 38 号

0692—6996518

交通

汽车

瑞丽有两个车站，位于瑞丽南卯街的客运南站，有去往昆明、大理、保山、腾冲、孟江的班车。客运北站位于目瑙路，距离南站约 1 千米，有班车去往陇川。从芒市乘客车前往瑞丽，约需 2.5 个小时。

腾冲和顺古镇

第五部分 怒江大峡谷探秘采风一周游

WELCOME TO —— NUJIANGDAXIAGU

片马抗英纪念碑

亲历者介绍

呼啦飞驰

我觉得怒江是云南最美的地方，那里很少有人去游玩。作为一个背包客来说，越是很少有人到达的地方，越想去看看，每次去的地方都没有让我失望。这次去的怒江，让我大开眼界。

丙中洛村，拥有着迷人的原始生态风光。它像是被上帝遗落的世外桃源，当我置身于丙中洛的群山环绕中，江水缠绕，云雾缭绕，瞬间忘记了舟车劳顿，一身轻松。田野、村舍是我喜欢这里的最主要原因，清晨时分朦朦胧胧，有一种说不上来的仙气。

在来时的路上听闻：来到怒江，不看看第一湾，等于白来了。经过一段泥泞的土路，到了怒江第一湾的观景台，这座观景台也是观赏景色的绝佳位置，站在这里向下俯瞰的时候气势磅礴、风景旖旎，实在是难得。

有时候觉得自己挺幸运的，因为自己有一个勇于挑战的心，让我见识到了太多的美景。在这些美景面前，一切都显得如此渺小……

怒江地区印象

旅游心得

走，寻找自由乐园

凡是到过怒江的人，都会被它古老而又壮阔的景致所震撼，这里绝不是平凡之辈所能到达的地方，这里是勇者不断挑战的天地，是敢于突破自我的人一次次挥洒激情的热土。不论是巍峨的高山还是澎湃的江水，都值得我们用时光去体会。

三山夹两江

贡山独龙族怒族自治县地处滇西北怒江大峡谷北段，与缅甸毗邻，国境线长达 172.08 千米。碧罗雪山、高黎贡山、担当力卡山群峰高耸，怒江、独龙江两江纵贯，千山万壑，峰峦叠嶂。

1 巍峨的怒江峡谷
2 平静的怒江

路不拾遗、夜不闭户

独龙族地区民风淳朴，人们远路出门，常将随身携带的粮食分成若干份，沿途挂于树上或放于岩洞等处，留待回程时食用。过路人无论怎样饥饿，也绝不会擅自取食。即使衣服等物品，也可随时随地放于路边，只要上压一块石头，就表明是有主之物，别人是不会拾取的。

巍峨中一块璞玉

每到农闲季节或民族节假日，这里总会汇聚起四面八方的人们，歌声、乐声在江面上回荡，小舟在河中荡漾，舞步震撼着峡谷，三五成群的人便到这里泛舟过溜索，对歌起舞，这种欢乐、和谐的场面与气氛，没有亲身体验的人，是无法真正领略到的。

惊艳的峡谷风光

怒江大峡谷位于滇西横断山纵谷区三江并流地带，怒江奔腾于高黎贡山和碧罗雪山之间，因它落差大，水急滩高，两岸多危崖，怒江昼夜不停地撞击出一条山高、谷深、奇峰秀岭的巨大峡谷，被称为“东方大峡谷”。

3 正在劳作的独龙族人 4 春意盎然的怒江 5 怒江大峡谷的风光

关注气候

怒江地区最佳旅游季节

怒江旅行的最佳时间10月至次年4月份，那时风景秀美，既可以看到汹涌澎湃的怒江风光，也可以看到皑皑的雪山。特别是春节前后，民族节日众多，不仅可以欣赏美丽的风景，还可以参加独具地方特色的节日庆典。

最佳季节的装备表

特殊必备品	必备原因
抓绒衣、厚实外套、简易雨衣或者雨伞	怒江的天气变化比较大，日夜温差也比较大，紫外线略强，在进入春季以后，时常会飘零星毛毛细雨，住宿方面可能会出现潮湿现象
高倍数防晒霜、太阳镜	云南西北部紫外线照射较强，注意防晒，带好防晒用品
常用药品	部分地区海拔较高，跳蚤较多，红景天等抗高原反应的药以及治疗蚊虫叮咬的药膏是必不可少的
适宜徒步的鞋子	景区路比较狭窄，车辆进入危险，有些只能徒步进入

最佳季节的衣物表

云南西北部最佳季节衣物							
衣物种类	10月	11月	12月	1月	2月	3月	4月
棉制短袖	—	—	—	—	—	√	√
薄外套	√	√	√	√	√	√	√
牛仔裤	√	√	√	√	√	√	√
毛衣	√	√	√	√	√	√	—
羽绒服	√	√	√	√	√	—	—

怒江地区玩点

怒江是中国西南地区大河之一，山谷幽深，危崖耸立，水流在谷地咆哮，故而称为“怒江”。沿怒江分别有着六库、福贡、贡山等城镇，这里不仅有着惊险无比的怒江第一湾也有着风景秀丽的雾里村。在碧落雪山半山腰坐落着红漆木窗，简单朴素的教堂，来到怒江的人不仅仅感叹巍峨，同时也会被它的朴素风情所打动。

玩点速览

怒江大桥（见P173）

连接六库称东西两岸的交通命脉

老姆登教堂（见P176）

自然朴素的乡村教堂

腊乌岩瀑布（见P178）

流泉形成的神奇瀑布

石月亮（见P179）

透过石洞看着蓝天白云

独龙江峡谷（见P180）

野生植物天然博物馆

桃花岛（见P183）

美如天堂的村落

雾里村（见P185）

茶马古道上宁静的村庄

秋那桶村（见P186）

青山后雪山下的村落

六库一日游

六库镇（泸水城区）地处怒江州府所在地，地跨高黎贡山东麓至碧罗雪山西麓，是一个典型的山区小镇，怒山山脉、云岭山脉、怒江由北向南纵贯全镇，整个镇地处怒江两岸。境内受复杂地貌形态影响，形成一山分四季、十里不同天的“立体气候”。

第1天 怒江大桥→向阳桥

六库是进入怒江傈僳族自治州旅行的南大门。汹涌奔腾的怒江穿城而过，将六库分为两个部分，江上有怒江大桥（公路桥）和向阳桥（步行桥）将两部分连接起来，向阳桥是游客必到的地方。

9:30~11:30

怒江大桥：怒江大桥是进入怒江州旅行的南大门。汹涌奔腾的怒江穿城而过，将六库分为两个部分，江上有怒江大桥（公路桥）和向阳桥（步行桥）将两部分连接起来。

怒江大桥

六库怒江大桥1990年建成，长度达337.52米，主跨154米，桥面净宽7米，桥型属于连续型（三跨变截面箱形），单孔跨度亚洲第二达340米。支点处的梁高为8.5米，整座桥只采用了两道横隔板，抗震指数合格，是我国同类型桥梁中最顶尖的。它可以通向许多交通干道，如：瓦贡、东六公路、跃片公路等等。

桥的两边上设有照明灯，夜幕降临之时，各种灯光、彩灯交汇在一起，站立大桥上，只见大峡谷群峰屹立，大桥上下，车水马龙，把大峡谷之城——六库，装点得更具魅力。

我们几人驱车一同前往怒江，去体验它的原始，体验它的雄伟。开车在路上的时候，我们还在感叹自驾游真是可把美景尽收眼底，突然发现路边还有骑车的“驴友”，那他们会不会感觉自己与山水融为一体了呢！

↓
11:30~12:00
↓
在路上
从怒江大桥可以直接走到向阳桥。

12:00~17:00
向阳桥：向阳桥是六库比较热闹的地方，傍晚时分站在桥上，微风拂过，好不自在。

向阳桥

怒江上的一座老桥，和新桥也不远，建于“文革时期”，还保留着“文革”时代的痕迹。走在桥上，看着桥下汹涌澎湃的怒江水，战战兢兢，颤颤巍巍。

一座承载了怒江沧桑变化的桥梁，喜欢夏天的夜晚在大桥上吹着风，喝着冷饮，和朋友述说心事的日子。

傍晚驾车到六库吃晚饭，六库的美食同样具有浓烈的民族色彩，以及当地的一些风味。这里的食材都是纯天然，是安全健康的原生态美食，绝对可以放心品尝。

独龙牛位于六库镇南茂村，是一家既可以吃火锅又可以吃炒菜的牛肉店。牛肉的选材十分棒，卖的可是珍贵的牛肉品种——独龙牛哦。这种在大山上吃青草、喝泉水的独有的牛，肉味鲜美，没有膻味。

土土铜锅庄赖茂河是一家非常不错的火锅店。餐馆地理位置优越，菜品也十分新鲜，是用正宗的土锅，加热直接用炭，汤汁鲜美。人均 40 元。

孔雀傣乡位于百味鲜饮食城，这家餐馆人气很旺，是一家地道的云南菜，推荐有蔬菜喃咪、帕哈煎蛋、菠萝饭、柠檬鱼等，其中柠檬鱼是必点的一道菜。

住宿

泸水城区有许多宾馆，价格比较便宜，条件一般。部分宾馆的部分房间还能看到怒江江景风光。

住宿地推荐

怒江泸水锦盟大酒店

锦盟大酒店地处市区繁华段，周围买东西、娱乐很方便，是目前怒江傈僳族自治州唯一按高星级标准投资运营的高档涉外商务型酒店。

泸水市六库镇人民路 90 号

0886-8886888

泸水华天大酒店

酒店在江边观景方便，位置在闹市区，吃饭买东西散步都挺方便。酒店规模不小，卫生打扫也很干净。

泸水市六库镇人民南路华天商贸城内

0886-3638888

交通

昆明有发往六库的班车，或者可以从昆明坐车到大理，再从大理坐到六库。也可以自驾游，从昆明出发，途经杭瑞高速、S228。

经典线路

福贡两日游

福贡县地处滇西北横断山脉中段碧罗雪山和高黎贡山之间的怒江峡谷，主要由傈僳族、怒族、白族、纳西族等少数民族组成。福贡县旅游资源丰富，自然景观优美，峡谷、雪山、原始森林、高山湖泊、河流、壁耕奇观等交相辉映。

第2天 老姆登教堂→知子罗

知子罗村不是一个普通的小山村，三十几年前它曾是州府所在地；二十几年前它还是兴盛的县城；而如今它却只是福贡县匹河乡下属的一个村子，常被人伤感地称为“废城”。从六库到知子罗，途中可以经过著名的老姆登教堂。参观过老姆登教堂之后，随着车子前行，建筑群逐渐放大，知子罗村慢慢出现在眼前。

9:30~11:00

老姆登教堂：这是建在悬崖边上，怒江最大的基督教堂。这座乡村教堂朴素、自然，靠近它不免会让人心静如水。

老姆登教堂

怒江老姆登基督教堂在怒江峡谷沿岸，白色的墙面，朱红色的门窗，三角形的屋顶，红色的十字架下“神爱世人”四个字分外醒目。每到星期天，周边乡村的基督教信徒都会集中在这里做礼拜，他们在这里虔诚的念诵赞美诗。

每周做弥撒的时候，当地朴实的村民，虔诚的朗诵着诗歌，这些诗歌像他们的呼吸一样自然安详，让人们看了不免生出敬畏之心。

↓

11:00~13:00

可以在老姆登附近寻找一些餐馆。吃完午饭直接乘车前往知子罗村。

13:00~14:30

知子罗村：这里的建筑都保持着六七十年代模样，走在知子罗街道上，像是穿越到了那个红色的年代，所以这里又被人们称为“记忆之城”。八角楼是这里的标志性建筑。

知子罗

知子罗坐落在海拔2000多米的山梁上，背靠碧罗雪山，面朝高黎贡山。由于特殊的地理位置，一度让它成为茶马古道上的主要驿站和集市。改革开放以后，公路沿怒江边建造交通要道，远离了知子罗，山上的居民为了生活便利，纷纷搬下山居住，知子罗也因此渐渐的衰落。

知子罗是一个令人难忘的地方，它曾记载了一段历史，曾有过耀眼的辉煌。这是国内唯一一个停留在20世纪80年代的有记忆、有历史、有性格的州政府所在地。和国内的城市化进程形成鲜明的对比。

八角楼图书馆

到了知子罗，首先看到就是八角楼图书馆。听说撤县时，特意从大理请来工匠打造，才竣工不久，却还没来得及放进一本书就废弃了。八角楼图书馆，一共三层可以爬上去，上面可以看到整个知子罗都被雪山包围着，非常壮观和神奇。

由于近几年，知子罗村为越来越多的游人所知，来到这里追忆往昔的人也逐渐多了起来，在主干道上有一家旧城客栈。旧城客栈提供食宿，有单人间、双人间和多人间。

第3天 腊乌岩瀑布→石月亮

上午到腊乌岩瀑布观赏“飞流直下三千尺”的神奇飞瀑，下午在去往石月亮途中欣赏优美的自然风光，福贡县境内高黎贡山和碧罗雪山组成了壮丽的峡谷自然景观。

7:00~9:30
↓
在路上
从知子罗村乘车到达腊乌岩瀑布。

9:30~12:00
腊乌岩瀑布：近看好像千百万个白玉珠宝从半空中闪闪飞落人间，从远处看仿佛一条长长的白云彩带从天而降，漂浮在郁郁大地上，光彩夺目，十分壮观，令人目不暇接。

12:00~13:00
↓
午餐
中午可以品尝一下当地民族特色。

腊乌岩瀑布

“腊乌”是一个怒族人的名字，“岩”汉语，因腊乌最先开垦于此地而得名。因泉水从高山悬岩中涌出急流，到坚硬的腊乌岩顶端泉水突然飞流直下，经过三级台阶，流泉便形成神奇飞瀑。

门票10元。

有瀑布的地方，负氧离子都比较高，对身体有益。加上瀑布的美景，旅行的心情会很好。

腊乌岩瀑布附近已建造了具有民族特色的竹楼，在这里可以钓鱼烧烤也可以享用为旅游者提供各种饮食服务。

↓

13:00~17:30

石月亮：在去往贡山的路边有一个专设的观景台，可以在那里远远的观看着石月亮，目前石月亮已经修筑栈道，还可以走近石月亮，一览它的风采。

石月亮

在高黎贡山山脉中段 3300 米的峰巅，有一巨大的大理岩溶蚀而成的穿洞，沿着怒江北上，百里之外，就可看到这个透着白云蓝天的石洞，它有一个好听的名字，叫作石月亮，傈僳语称它为“亚哈巴”。

这里山峰陡峭，道路崎岖，气候变幻无常，没有勇气和毅力是无法到达峰顶的。

石月亮非常美，在这里不得不敬畏大自然的奇妙。

福贡县城相比知子罗要更繁华，这里吃住行各方面都不错，特别是手抓饭。这里的人们习惯尽其所能，把自己家里所能搜集到的美味，都集中在一个容器中，献出来，让客人吃得尽兴、满意。

住宿

福贡的住宿选择余地不大，宾馆基本都是准二星级的，大部分集中在客运站一带，条件比较简陋，房价也都比较便宜。

住宿地推荐

福贡丽景大酒店

这个价位的性价比比较高，房间卫生、干净，停车方便，服务也很好，是自驾路途中休息的不错选择。

怒江傈僳族自治州福贡县上帕街南路 59 号

0886-3410666

经典线路

贡山三日游

贡山独龙族怒族自治县位于云南省西北部的怒江大峡谷最深地段，北部与西藏自治区接壤，西部与缅甸相邻，境内居住着独龙、怒、傈僳等民族。贡山是典型的高山峡谷地貌，县境内东有碧罗雪山，

中有高黎贡山，西有担当力卡山。独特的地理位置和丰富的动植物，造就了贡山独龙族怒族自治县丰富的旅游资源。

第4天 独龙江峡谷→贡山县城

独龙江，系云南六大水系之一，是云南西北部横断山脉“四江并流”的重要组成部分。这里居住着古老封闭的民族—独龙族。由于独龙江特殊的地理位置，进去旅游的人很少，而那里的秀丽风光和独特的人文将会带来极大的诱惑。

8:30~16:00

独龙江峡谷：沿途观赏独龙江峡谷和原始风光，在这里没有特定的景区景点，一路都是美景。

↓

16:00~19:30

贡山县城：贡山县城不大，是一座山城，适合从山脚向上远眺的地方。

独龙江峡谷

独龙江峡谷被专家认定为“野生植物天然博物馆”，是我国原始生态保存最完整的区域之一，蕴藏着丰富的自然资源。这里雪山连绵，峡谷陡峻，屏蔽着通往外界的通道，也因其独特的地形地貌和偏僻闭塞而被称为“神秘的峡谷”。

独龙江的水，绿得太不真实了！在来时的路上，从高山上俯瞰下来，那种绿，更是蔚为壮观，像一条极其艳丽的碧玉彩带，蜿蜒盘旋在群山之间，让你第一眼看到它，除了惊叹，再没了别的词汇。这一湾清水，该是让多少初遇它的人，忘却了烦恼，变得纯粹空灵。

走了一天，傍晚回到贡山县城用餐。丰富的少数民族文化形成了怒族州内多元的饮食文化。悠久的历史为这里留下了诸多特色小吃，如侠辣、巩辣、八大碗、石饭粑粑、杵酒、漆油炖鸡等，虽与其他地方的名菜大系不能比肩，却也是一道道的美味佳肴，吃起来别有一番滋味。

住宿

在贡山住宿还是比较方便的，大多集中在县城，像商务酒店、民宿、青年旅舍都有。

住宿地推荐

贡山蓝湾精品酒店

酒店地处独龙江乡黄金地段，南来北往方便，是独龙江旅游落脚的好住处。豪华标间房面积大、安静、干净、安全、设施齐全、性价比高，值得推荐。

贡山县独龙江乡派出所旁人民法院正对面

0886-3588888

独龙江大酒店

酒店和房间还是很新的，设施齐全，房间出门就可以看到独龙江。不过网络预订还不是很顺畅，最好电话确认，另外酒店不能刷卡，最好提前准备好现金。

贡山县独龙江乡江边信用社旁

0886-3066888

第5天 怒江第一湾→桃花岛→重丁教堂→石门关

早晨出发去怒江第一湾半圆形的大弯，气势磅礴；怒江第一湾看后就到桃花岛，三四月份的桃花岛开花，就是个粉色世界，不愧为世外桃源；下午到重丁教堂，感受历史的印记；之后到石门关，看看大自然的鬼斧神工。

8:30~10:00

怒江第一湾：怒江第一湾有两个颜色，一个碧绿，一个浑浊，在不一样的季节呈现不一样的风景。

怒江第一湾

怒江流经云南贡山县丙中洛乡日丹村附近，由于王箐大悬岩绝壁的阻隔，江水的流向由北向南改为由东向西，流出300余米后，又被丹拉大山挡住去路，只好再次调头由西向东急转，在这里形成了一个半圆形大湾，为怒江第一湾。

怒江是我向往已久的地方，特别是许多与世隔绝的村寨，很有看点。怒江第一湾，气势磅礴，登高远望，一股豪气，有感而发，深感人生之渺小，自然之伟大。

↓

10:00~13:30

桃花岛：桃花岛在怒江第一湾和丙中洛之间，怒江在这也有一个小湾，湾上的村庄种了好多桃树，三月花开时很漂亮

走在通往桃花岛的铁桥上，感觉桥身一直在晃动，很刺激。岛上住着怒族居民。家家户户都种着花。他们用马驮着所购买的日用品，从桥上通过。站在岛的对面俯瞰小岛的全景，真美啊！

桃花岛

桃花岛也被称为扎那桶村，它坐落在怒江第一湾的中心，一个三面环水的小平原上。村落周围的景色优美，村中种满了桃树，每到春天，桃花盛开，弥漫了整座小岛。农闲季节或节假日，人们来到这里对歌起舞，一派和谐美好的山水田园风光。

↓

13:30~15:30

重丁教堂：重丁教堂，就安静地躺在丙中洛的角落，如同教堂的创立者任安守神父之墓一样。

重丁教堂

重丁教堂是丙中洛地区名气较大的教堂，是法国人任安守于1935年建成的，这是一座象征圣洁的乳白色重丁大教堂；在“文革”期间被毁，1996年重建，规模远小原来的教堂。教堂后面在绿树掩映下有一座简朴的小坟，任安守神父就葬在这里。

我们看到重丁教堂时就被它的美征服了。虽然它不像西方教堂那样富丽堂皇，但线条装饰都很优美，尤其在怒江峡谷的蓝天、远山衬托下，它的美似乎更显得难得。

↓

15:30~17:30

石门关：石门关的磨牙壁上刻有5副藏文，侧面有两个石坠，称为石伞。牙顶的平地上生长着一种绝世棕榈树。

石门关

石门关其实是怒江的峡口。怒江到了这里，江水夺路而出，在这里拐了一个小弯后再往丙中洛流去。岩石直立，气势磅礴，雄伟壮观，直冲云霄，形成了一座高500多米，宽约200米的巨大石门奇观，真可谓是“一夫当关，万夫莫开”。

这就是传说中石门关，此刻的石门关云雾缭绕，神秘莫测，我甚至可以俯瞰对面山坳的平原，一座村庄平铺在悬崖之巅，山间溪水时而交织，时而分流，此时的天空如此开阔，我置身于无人的山野，如若梦境。

整个怒江傈僳族自治州食物味道偏向于傣族的酸辣味，沿路上可以选择的餐厅不多，大多当地农家院提供三餐，食宿一体。独龙族的待客美食——膘肉可以尝尝。

住宿

晚上选择贡山怒瓦驿站，驿站虽然不是在丙中洛镇里，但和桃花岛隔江而望，又是到往石门关和雾里村等景点的必经之地。作为中转站是再合适不过了。

住宿地推荐

贡山怒瓦驿栈

阳台上就可以看到怒江、桃花岛，远离镇子很安静。老板是个小姑娘，人很好，经常会向游客主动介绍观景地点和线路。

怒江傈僳族自治州丙中洛镇日当二组白塔南近石门关

13508868268

第6天 雾里村→秋那桶村

贡山的最后一天，早晨到雾里村，看整个雾里村笼罩在雾里，炊烟袅袅；下午到有“天上村寨”之称的秋那桶村，领略一下这个地方多种文化融合的独特魅力。

8:30~13:00

雾里村：雾里村每天早晨都会聚集很多的摄影爱好者，早晨的村子笼罩在雾里，缥缈、恍若蜃楼，和雾里村这名字倒是十分贴合。

雾里村

雾里村是茶马古道上的一个美丽的小村庄，位于云南省怒江州贡山县丙中洛镇北面，村里约有60户人家，有藏、怒和傈僳族，他们十分纯朴、好客。在有雾的天气，村子在大雾里面若隐若现，仿佛世外桃源一般，神秘秀丽。

站在观景台上观望对岸，雾里村三面环山，一面临江，坐落在一片扇形斜坡之上，深褐色的高脚木屋点缀着翠绿的田野，村前是碧蓝的江水，村后是叠翠的青山，真可谓“风景这边独好”。

↓

13:00~18:00

秋那桶村：秋那桶村被称为云南最后的茶马古道，秋那桶村不仅是滇藏分界线的村庄，同时也是天主教在怒江最远的传播地，承载着历史与现实、宗教与文化等多种交融。

秋那桶村

秋那桶村是怒江大峡谷北端的最后一个村子，整个怒江大峡谷中的精华部分，有着茂密的原始森林，众多瀑布。在峡谷中穿行，沿途景色非常壮观。秋那桶村被当地人称为“神的花园”，碧罗雪山、草甸、松林、古树、木屋、栅栏、梯田与溪水错落有致，形成宁静而安祥的田园秘境。

村子一边是碧罗雪山，另一边是嘎哇嘎普雪山，山坡下就是怒江的滔滔江水，车子可一直开上去，停在七三客栈与天主教堂旁的空地上。这里远离尘埃，房子和民风还保持得很原味和淳朴，走走看看，很多风景。

住宿

欣赏完一天美景之后略感疲惫的身体，需要的是一杯热茶，一个舒适的落脚点，这里推荐丙中洛阿土家，早餐具有当地的特色，住宿环境环境优美，静谧。

交通

由福贡出发，进入 S228，沿 S228 行驶，全程约 114 千米，耗时约 5.5 小时到达贡山独龙族怒族自治县。

怒江流经的小村落

图书在版编目（CIP）数据

云南一周游 /《亲历者》编辑部编著．—2 版．—北京：中国铁道出版社有限公司，2020.2

（亲历者）

ISBN 978-7-113-25674-6

Ⅰ.①云…　Ⅱ.①亲…　Ⅲ.①旅游指南－云南　Ⅳ.① K928.974

中国版本图书馆 CIP 数据核字 (2019) 第 061401 号

书　　名：云南一周游

作　　者：《亲历者》编辑部

策划编辑：聂浩智

责任编辑：杨　旭

版式设计：赵媛媛

责任印制：赵星辰

出版发行：中国铁道出版社有限公司（100054，北京市西城区右安门西街 8 号）

印　　刷：中煤（北京）印务有限公司

版　　次：2015 年 2 月第 1 版　2020 年 2 月第 2 版　2020 年 2 月第 1 次印刷

开　　本：660 mm × 980 mm　1/16　印张：14　字数：280 千

书　　号：ISBN 978-7-113-25674-6

定　　价：49.80 元
